Collection
"LIV'en poche"

Du même auteur,
dans la même collection

Le Mystère de l'ambre jaune
Du raisiné dans le vignoble
Objectif thune
On a marché sur la dune
Petits meurtres bigoudens
Passé décomposé
Bon à tirer
Accord parental souhaitable

N° ISBN : 2-84497-037-0

Christian Denis

Et si ça vous arrivait ?

LIV'ÉDITIONS
Carrefour du livre
20, rue de Portz-en-Haie
56320 LE FAOUËT
www.liv-editions.com

Remerciements à Patrick Denis pour ses précieux conseils dentaires.

PREMIERE PARTIE

Chapitre premier

A peine Camille a-t-elle posé son sac sur son lit et disposé sa veste sur un cintre que le téléphone sonne, comme elle s'y attend, comme tous les vendredis vers dix-huit heures, puisqu'elle quitte la préfecture – le service des immatriculations où elle travaille – à dix-sept heures, fait quelques courses pour le week-end au Monoprix de la rue du Calvaire, puis rentre chez elle rue de Suffren, troisième étage, à dix minutes du Monoprix en passant par le bureau de tabac.

Camille allume une cigarette, s'assied sur son lit, décroche.

Non ! Malgré l'insistance de son amie, il n'est pas question qu'elle l'accompagne ce soir en boîte de nuit, pas plus que demain d'ailleurs. Pourquoi ? Elle le lui a expliqué cent fois, mais elle sait bien qu'elle va recommencer ce soir, parce qu'elle est patiente et que sa copine, quoique douée de beaucoup de qualités, a l'esprit lent.

« Trouver un mec ? Pour quoi faire ? »

La mère de Camille utilise, elle, le mot fiancé. Mais il n'y en a plus, des fiancés, ils ont disparu, comme les maréchaux-ferrants, les trolleybus et les francs. Ils se sont envolés avec les autres vestiges du passé, ne faut-il pas vivre avec son époque ? Non, on trouve des mecs, certes, des prédateurs hypocrites et menteurs, pas toujours beaux ni toujours propres et qui le lendemain matin ou le surlendemain si c'est un week-end fileront après avoir obtenu ce qu'ils étaient venus chercher.

C'est mieux que les putes et moins cher. Il y en a même un voici un mois qui s'est envolé avec un billet de cent euros que Camille avait laissé sur la commode de sa chambre pour régler le plâtrier.

Misanthrope ? Pas du tout ! Réaliste, tout simplement.

On peut quand même boire un verre au Pickwick (le pub à deux pas de chez Camille) et aviser par la suite ?

Bon, d'accord, on peut.

Camille regarde des photos en attendant de se faire à dîner. Une particulièrement, miraculée de la succession paternelle ; une photo d'elle a cinq ans : sourire, soleil, plage de Saint-Brévin. Elle ressent un léger spleen en contemplant cette image, comme à chaque fois, et par habitude elle dresse le sempiternel bilan de son existence, actuelle surtout, qu'elle juge fort négatif. Car elle vient d'avoir trente-cinq ans, aimerait beaucoup avoir un enfant. Pas faire, avoir, c'est-à-dire, dans la mesure du possible avec un papa qui, tant qu'à faire serait aussi son amant. Mais la solution de la boîte de nuit avancée par sa copine Gaëlle n'est guère plus satisfaisante que celle de traîner dans les cafés, ainsi qu'elle les a expérimentées depuis quelques années avec des conclusions décevantes. Il va falloir trouver autre chose, s'il y a autre chose.

Elle songe en fermant les yeux à l'humiliation que sa mère lui fait subir, sans penser à mal comme toujours, en lui proposant de l'inscrire à un club de rencontres.

Ah oui ? Avec les laissées pour-compte, les vieilles filles, les accidentées de la vie, les laiderons et les demeurées ?

Sa mère a déduit de la réponse que le caractère de sa fille, en vieillissant, devenait de plus en plus difficile, pour cause de célibat non intentionnel, ce qui prouvait l'excellence de sa proposition.

*
* *

Avant tout il faut en finir avec cette monomanie des boîtes de nuit, et elle tient à cet effet à la disposition de Gaëlle un petit récit, une histoire vraie que lui a racontée l'été dernier le mari de sa cousine, dentiste à Saint-Guénolé (Finistère).

Gaëlle vient de reposer son verre de kir sur le bar après avoir vaguement trempé sa lèvre supérieure dedans, elle adore les histoires.

— Je te préviens, c'est une histoire à vomir debout. Si on en faisait un court-métrage, on pourrait intituler ça, comme dit le mari de ma cousine : *A la poursuite du staphylocoque doré.*

Gaëlle lève les yeux vers son amie, intriguée.

— Bon. C'est un gars du patelin de François – le mari de ma cousine –, un client à lui. Il passe à son cabinet un soir, à reculons mais sommé d'y prendre rendez-vous par sa dernière petite copine en date qui trouvait qu'il avait vraiment mauvaise haleine. Il faut savoir que le gars est plutôt beau mec, toujours avec de superbes costards, baratineur à mort et qu'il est toujours fourré dans les boîtes de nuit du pays à draguer tant qu'il peut. Bref, François l'examine, il lui avait posé un dentier complet, vingt-huit dents, quinze jours auparavant. Quand le gars serrait les mâchoires le pus sortait par en haut, il n'avait jamais ôté son dentier pour le nettoyer. Ainsi, comme me l'a expliqué François, une partie de la bouillie formée par les aliments mastiqués s'était régulièrement infiltrée sous son dentier du haut, se transformant en une sorte de pâte qui adhère au palais et qui devient un milieu de culture où se développent des microbes ainsi que des champignons baignant dans un pus pareil à celui d'un abcès, mêlé à la salive du dragueur.

« Donc, comme le gars était pas mal, il roulait des pelles tant qu'il pouvait aux nanas, dans les boîtes de nuit, des belles pelles à l'américaine, comme s'il s'agissait d'avaler une langue de bœuf sauce madère le plus vite possible pour figurer dans le *Guinness Book of records*. T'as déjà vu ça à la télé. A chaque fois il balançait dans la bouche des filles un bon milliard de staphylocoques dorés, il va sans dire que s'il y a une coupure dans la bouche, ils passent dans le sang, on risque même une septicémie.

Gaëlle ne dit rien...

— Je rajoute, pour terminer, que lorsque François a ôté le dentier, des lambeaux de muqueuse du palais sont venus avec...

Gaëlle se lève, elle est pâle, elle ne se sent pas bien et file vers les toilettes du pub. Elle est sensible...

Camille respire profondément et avale son kir d'une traite en faisant signe au barman de lui en servir un autre.

Ouf, se dit-elle, *le traitement a été sévère et j'ai été un peu fort. Mais là je pense qu'elle y regardera à deux fois avant de se laisser séduire par un inconnu dans une boîte de nuit. Raide et efficace ! Et puis après tout, mon histoire est authentique !*

Chapitre II

Camille regarde par la fenêtre de sa chambre les gens qui marchent dans la rue, sous leur parapluie, vers le centre ville. *Les Nantais sortent quand il pleut, comme les escargots*, se dit-elle. Elle n'aime pas les dimanches, tout est fermé ou presque, la ville n'est pas vivante, il n'y a pas de courrier, on s'ennuie. Elle se rappelle ceux de son enfance, l'inévitable gâteau – toujours le même – qu'achetait sa mère à la sortie de la messe. Le repas du midi, quand on est fille unique…

L'été on avait toujours du melon en entrée, l'hiver plutôt une bouchée à la reine… Camille est née un dimanche, peut-être est-ce pour ça qu'elle ne les aime pas ; un 14 juillet en plus. Lorsqu'elle était très petite, elle s'imaginait que le feu d'artifice était en son honneur, elle a été bien déçue en découvrant la réalité.

« Quelle idée, lui disait son père, qui avait de l'humour, de naître un 14 juillet ! tout de même, ta mère aurait pu pousser jusqu'au 15. »

Vers ses quinze ans, elle a été traumatisée par un téléfilm qu'elle regardait un samedi soir avec ses parents. L'histoire se déroulait en Alsace au début du XXe siècle. Dans une famille de boulangers de trois enfants, trois filles, le père avait tenu à ce qu'elles se marient dans l'ordre. Seulement l'aînée était laide, la puinée fort quelconque mais la cadette très jolie. Laquelle cadette, à force d'attendre, s'est retrouvée vieille fille, dans les années 20 après que la Grande Guerre eut avalé ou estropié les veufs comme les fiancés. Une image, dans le téléfilm, succède à une autre en fondu-enchaîné. La première montre la jeune fille à sa fenêtre, guettant on ne sait quoi, vers l'âge de vingt-cinq ans. La suivante montre une petite vieille, au même endroit, ne guettant plus rien ni personne.

Camille se dit depuis qu'elle n'a pas l'éternité devant elle. Sa mère lui a affirmé l'autre jour au téléphone : « Après tout, tu n'es pas plus laide qu'une autre. »

Camille lui a répondu : « Oui, mais je ne suis pas plus jolie non plus. »

La mère n'aime pas la façon de raisonner de sa fille, elle se souvient qu'un jour, lorsque celle-ci était gamine, à l'école primaire (c'est l'instituteur qui lui a rapporté l'anecdote), l'inspecteur présent dans la classe avait annoncé aux enfants, pour voir comment ils réagiraient à la chose :

« Le nez de Cléopâtre, s'il eût été moins long, la face du monde en eût été changée. »

Camille lui avait répondu, tout de go : « Celle de Cléopâtre aussi ! »

Les deux adultes étaient restés déconcertés.

Camille observe quelques photos de son adolescence, vers la fin des années 70, sourit de voir cette mode que l'on jugerait aujourd'hui abominable mais qui à l'époque semblait plaire à tous, comme quoi…

Elle regarde un cliché sur lequel figure son père en pantalon de velours vert pattes d'éléphant et taille basse ; il porte une chemise rouge cintrée au col démesuré, aux pointes arrondies déployées sur un pull en laine dont on aurait dit qu'une erreur de programmation du lave-linge l'avait rétréci de deux tailles. Ses cheveux sont longs, le brushing donne l'impression qu'il porte un casque.

Elle referme l'album et se remémore les dimanches après-midi de son adolescence. Ses parents regardaient la télévision, elle filait dans sa chambre sitôt le repas terminé, sous prétexte de devoirs à faire, et lisait à peu près tout ce qui lui tombait sous la main, livres empruntés à la bibliothèque du collège (on ne disait pas encore à cette époque « centre de documentation et d'information »), revues extirpées d'une cantine au fond de la cave de leur immeuble ; parmi elles, une collection presque complète du mensuel bête et méchant *Hara-Kiri*, de 1960 à 1975, stockée par son père. C'est de ces lectures épouvantables, dont sa mère avait découvert deux ou trois exemplaires un lundi matin en rangeant la chambre de sa fille, que provenait certainement, selon elle, cet humour noir inconcevable chez une jeune fille, et dont elle savait maintenant l'origine.

L'humour et la dérision, inacceptables pour une mère, n'étaient en réalité qu'une attitude commode adoptée par Camille, une défense, afin de se préserver de la morosité et de la tristesse de son environnement.

Maintenant qu'elle est adulte, Camille ne sait plus se contenter de lire pour passer le temps, venir à bout des dimanches ; elle a trouvé une activité amusante grâce à une amie qui l'avait emmenée un samedi soir au casino de Pornic, il y a trois ans.

Camille dépensa à peu près un demi-mois de salaire au bandit manchot. Rentrée chez elle, elle ressentit une grande inquiétude en considérant cette sorte de folie fiévreuse qui l'avait prise devant la machine à sous. Se jurant de ne plus remettre les pieds dans un casino, elle chercha un moyen de retrouver un peu de cette fièvre du jeu sans que ça lui coûtât la moitié de son salaire.

Un matin qu'elle patientait dans la salle d'attente d'un généraliste, elle découvrit un questionnaire pour un jeu-concours auquel elle se sentait capable de répondre à peu près, nonobstant la question subsidiaire. Elle arracha la page de la revue et, de retour chez elle, termina le questionnaire.

Trois semaines plus tard elle reçut par la poste un courrier accompagné d'un lourd paquet contenant un radio-réveil. Peu satisfaite de son lot, elle se mit à la recherche d'autres concours publicitaires, gagna d'autres lots plus importants et finit par consacrer plusieurs heures de ses week-ends à cette activité. De nature méthodique et opiniâtre, Camille s'offrit l'*Encyclopédie Universalis* à crédit, et surtout s'abonna à une publication entièrement réservée à ces jeux-concours, qui non seulement les recensait et les classait par niveaux de difficulté, mais encore donnait à ses abonnés les réponses à la majorité des questions.

A l'heure actuelle, Camille possède dans sa cave un joli tas d'objets qui émerveilleraient Prévert et Ali Baba. Elle garde aussi les courriers des expéditeurs au cas où des voisins supposeraient qu'elle s'adonne au stockage et au recel d'objets volés.

Un jour qu'elle en faisait l'inventaire, elle s'est dit qu'on pourrait bien déceler dans son comportement une compensation à ses frustrations d'enfant dont la rareté des cadeaux équivalait assez aux périodes d'emploi de son père.

« Le Père Noël devait être trop gros pour passer par notre cheminée », avait-elle dit un jour à sa mère.

« Tu sais bien qu'il n'y avait pas de cheminée à l'appartement », avait répondu celle-ci.

Chapitre III

Camille consulte son radio-réveil et convient qu'il est plus que temps de filer chez l'épicier berbère de la rue Jean-Jacques-Rousseau qui reste ouvert jusqu'à onze heures du soir.

Le commerçant est gentil comme tout, il tient sa boutique avec sa femme et son fils, Camille discute souvent avec eux le dimanche soir. Le père, qui est originaire de la plaine du Souss au Maroc, lui sert à peu près une fois sur deux sa plaisanterie favorite :

« Mon magasin est le seul à Nantes où l'on ne rencontre que des Soussis. »

Elle goûte des olives en attendant le tajine maison dont la femme du commerçant remplit un Tupperware dans l'arrière-boutique en prenant bien soin d'ôter les morceaux de piments. L'épicier conseille à Camille une bouteille de gris de Boulaouane que l'on vient de lui livrer.

*
* *

Elle se lève de table pour chercher son paquet de cigarettes dans sa chambre. La tête lui tourne, elle jette un œil à la bouteille de gris à demi-entamée et consulte l'étiquette sur laquelle elle lit : 12 degrés minimum ; c'est « minimum » qui l'inquiète. Elle ouvre la fenêtre de sa chambre pour respirer à pleins poumons une petite brise vivifiante qui s'est engouffrée dans l'estuaire de la Loire pour rafraîchir la ville. Camille pense à son père. Quand elle était enfant, souvent sa mère l'envoyait à l'atelier de mécanique du bas de leur immeuble où il traînait volontiers, voir s'il n'était pas en train de boire un petit coup.

Il est minuit, Camille n'a pas sommeil, elle est même pompette. Elle écrase son mégot dans la soucoupe du bonsaï que sa mère lui a offert pour son anniversaire et allume son ordinateur, dans sa chambre, sur son bureau. Depuis qu'elle s'est offert Internet, Camille a découvert, et découvre encore, une quantité impressionnante de jeux-concours dont certains sont idiots ou infaisables, d'autres intéressants. Ce soir, elle a une vision du monde, et de l'écran, un peu trouble.

Un séjour à Euro-Disney ? Non, elle a passé l'âge ; un week-end aux Baléares ? Elle y est déjà allée deux fois.

Elle se sert un verre de gris, allume une cigarette, poursuit ses recherches dans le dédale incommensurable des sites.

Il est une heure, la bouteille de boulaouane est vide, Camille se dit que demain elle aura la migraine, ce qui est bête parce que la matinée du lundi est la plus chargée de la semaine au service des immatriculations et que les enquiquineurs s'y présentent nombreux, comme la semaine dernière ce voyageur de commerce qui lui a jeté à la figure sa carte grise, refusant de commander une plaque d'immatriculation 1953 GAY 44 assurant que 1953 était son année de naissance, et qu'il était par ailleurs homosexuel.

Elle revient des toilettes et se demande comment elle a pu tomber là-dessus, elle ne parvient pas à retrouver l'ordre des manipulations précédentes. C'est un peu fort, sans doute une arnaque ou une supercherie, peut-être un gag d'étudiants. Toujours est-il qu'un jeu-concours du site, lui-même hébergé sur un autre site, propose une sorte de tombola cocasse dont l'unique lot, si Camille en croit bien ses yeux, est un homme...

Elle va dans la cuisine, trouve ses lunettes dans le tiroir de la table, retourne à son bureau et relit attentivement le règlement du jeu, assez simple :

Il faut obligatoirement être une femme pour concourir;

Normal. Encore que...

Envoyer ses coordonnées à l'adresse indiquée.

(Boîte postale au Luxembourg...)

Accompagnées d'un chèque de cinquante euros.

Ben voyons...

Un tirage au sort sera effectué parmi les noms des candidates sous le contrôle d'un huissier.

Bon. C'est idiot et absurde, mais Camille aime jouer, surtout si le jeu paraît hors du commun.

A deux heures vingt du matin, elle remonte la rue Jean-Jacques-Rousseau vers son immeuble après avoir déposé sa lettre dans la boîte de la place du Commerce et, comme une petite marche accompagnée du vent frais de la nuit est en train de la dégriser complètement, elle se dit que, somme toute, elle est idiote et qu'elle vient de se faire escroquer de cinquante euros, ce qui tout compte fait n'est pas rien - mais elle se gardera bien de s'en vanter à quiconque, surtout pas à sa mère.

*
* *

Le dimanche suivant, après être allée chercher une jolie part de couscous royal chez l'épicier soussi, mais accompagnée d'une bouteille de Perrier, Camille tente de retrouver la trace du site sur Internet, en vain. Cette mésaventure lui a trotté dans le crâne tout au long de la semaine.

Elle conclut qu'il a disparu, que les auteurs, après avoir empoché les chèques de quelques pauvres filles qui, comme elle, se sont fait arnaquer – on se demande bien ce qui a pu leur passer par la tête –, auront filé en abandonnant leur boîte postale, ou bien alors qu'une commission de surveillance des sites, ou des jeux, les aura repérés et aura mis fin à leur escroquerie ; auquel cas peut-être lui renverra-t-on son chèque ? Elle penche plutôt pour la première solution ; fin de la mésaventure.

Maintenant qu'elle y songe une fois de plus avant de se mettre au lit, la rédaction du règlement de l'arnaque était bourrée de fautes d'orthographe... Pas sérieux pour des Luxembourgeois !

Chapitre IV

Gaëlle entre au Louis XIII, le bistro branché du centre, noir de monde à la sortie des bureaux. Elle repère Camille assise au fond de la salle sur une banquette, en conversation avec Clotilde.

Clotilde examine les demandes de permis de séjour à la préfecture, service des étrangers, second étage ; c'est une jolie grande rousse de trente ans souvent courtisée et très exigeante, et qui considère Camille et Gaëlle comme on le ferait de cousines de province qui ne savent ni s'habiller ni plaire aux garçons, et dont la présence comme l'absence passent inaperçues. Elle est flanquée d'Antoine, son dernier en date, jeune plasticien bourré de talent et qui vit au RMI depuis qu'il a terminé son cursus aux Beaux-Arts, c'est-à-dire depuis bientôt cinq ans. A la table voisine on reconnaîtra Anne-Cécile et

Charlotte ; la première travaille au Trésor, la seconde dans une parapharmacie de la rue des Halles. Elles aussi sont célibataires et à la recherche d'un garçon ainsi qu'on en voit sur les couvertures de mode, mais elles se sont contentées jusqu'ici de succédanés. Bien entendu elles sont charmantes avec Camille et Gaëlle, quoique leur cassant du sucre sur le dos, comme on dit, dès qu'elles l'ont tourné.

Deux garçons viennent à passer, des connaissances habituées du bistro, ils font la bise à Clotilde avec ravissement, puis aux autres filles comme s'il s'agissait d'une corvée.

Camille plonge le nez dans son kir, regarde l'heure à la pendule publicitaire au-dessus du bar. Parfois, après le travail, ces petites réunions de bistro se prolongent jusqu'à huit heures, puis on va dîner dans un restaurant du centre ville, pas trop cher, toujours avec les mêmes, ensuite on rentre chez soi ou bien on traîne encore un peu dans les cafés du centre où l'on rencontre encore une fois les mêmes. Le centre de Nantes est un gros village dans lequel on croise presque toujours les mêmes gens aux mêmes endroits et aux mêmes moments, ce qui crée une routine endormante, mais qui reste bien commode si l'on n'a pas envie de rester seul, on trouve toujours quelqu'un de disponible pour aller boire un verre.

Camille soupire, puis bâille et se lève pour les incontournables bises à tout le monde sous les protestations de ses amies déçues de la voir partir si tôt. Au bar elle demande sa note de la semaine précédente, tire un chéquier de son sac et rédige, avec toujours le même amusement, un chèque à l'ordre de Louis XIII.

*
* *

Voilà ! le double de sa clé n'est pas dans sa boîte aux lettres, ce qui prouve que cet imbécile de plâtrier n'est pas encore passé, puisqu'il serait étonnant qu'il fût toujours chez elle à sept heures du soir, bien trop pressé de courir boire de la bière dans les bistros de son quartier.

Erreur, Camille, la porte n'est pas fermée à clé...

Elle ouvre immédiatement la porte de la salle de bains tout de suite à gauche dans le couloir, et constate que l'auréole salpêtrée est toujours bien visible à l'angle du plafond au-dessus de la baignoire ; elle referme la porte, entre dans le salon pour chercher des explications.

Un homme se lève à son approche – ce n'est pas le plâtrier –, repose sur la table la revue qu'il feuilletait et l'observe sans gêne aucune, comme s'il s'agissait de vieilles connaissances, bien qu'ils ne se soient jamais rencontrés auparavant.

Camille jette un coup d'œil dans son salon, admet que rien ne semble avoir disparu, regarde l'intrus attentivement ; il n'a pas l'air d'un cambrioleur, il est bien vêtu, n'exprime rien de vulgaire ou d'arrogant, n'a pas l'air ivre. Ses mains sont fines – chez un homme, Camille regarde toujours en premier les mains – son regard semble franc, bienveillant et direct. Surtout il est étonnamment beau, ce qui la rend assez mal à l'aise comme à chaque fois qu'elle se trouve en présence d'un très bel homme. Cependant, n'est-ce pas, il s'est introduit chez elle sans y avoir été invité...

— Comment êtes-vous entré ?

— C'est le plâtrier. J'ai sonné, il sortait, je lui ai dit que je venais vous rendre visite, il n'a pas trouvé d'inconvénient à ce que j'attende dans le salon.

— Quel imbécile !

— Il m'a dit de vous prévenir qu'il était juste passé se rendre compte des dégâts dans votre salle de bains, et qu'il avait du travail par-dessus la tête en ce moment, qu'il faudrait donc que vous patientiez jusqu'à la semaine prochaine.

— Qui êtes-vous ?

Le jeune homme regarde Camille avec un sourire confus comme quelqu'un qui répugne à se mettre en avant, ou à décliner ses qualités avec la peur de paraître immodeste.

— Votre lot.

— Pardon ?

— C'est vrai, s'excuse-t-il, j'aurais tout de suite dû vous remettre la lettre de félicitations que l'on m'a confiée pour vous. La voici.

Il tend à Camille une feuille de papier qu'elle lui arrache des mains et qu'elle lit rapidement :

« Bravo ! vous êtes l'heureuse gagnante de notre grand jeu Internet.

En espérant votre totale satisfaction... (suit une formule de politesse). »

Camille ouvre la bouche, regarde le garçon, se demande ce que tout ça signifie.

— Il y a un additif en bas de la feuille...

Camille cherche ses lunettes dans son sac. Les caractères sont vraiment minuscules, comme au verso des contrats d'assurance.

« Les lots ne sont ni échangés ni repris. »

— Puis-je m'asseoir ?

Camille ne répond pas, file dans la cuisine, revient avec un verre d'eau qu'elle avale d'une traite.

— Je crois, dit-elle, que je vais appeler la police.

— Je ne vous le conseille pas, répond le jeune homme qui avait prévu cette réaction.

— Pourquoi ?

— Parce que cela signifierait que vous voulez vous débarrasser de votre lot, donc qu'il ne vous plaît pas, ce qui indisposerait vivement les organisateurs du concours.

— Et alors ?

— Alors ils me tueront. Vous aussi, peut-être...

Camille n'a pas un caractère à se laisser impressionner, bien qu'elle soit pour l'instant plus que désemparée.

— Voilà deux bonnes raisons pour que j'appelle la police ! dit-elle.

— Logiquement, oui. Du moins selon les critères de votre logique à vous, une logique de l'Occident. Je vous assure que la police ne pourra rien ni pour moi ni pour vous. Il n'est d'ailleurs pas certain qu'ils croiront un mot de ce que vous allez leur raconter, je pense même qu'ils vous prendront pour une mythomane, ou pour une folle. Quant à moi, je vous fais remarquer que je ne suis pas entré dans votre appartement après une effraction - votre porte est intacte, que je n'ai rien dérangé ni volé. Au pire ils me demanderont d'évacuer les lieux si je suis toujours là lorsqu'ils arriveront, me considérant sans doute comme un amoureux un peu trop entreprenant, et vous conseilleront de mauvaise humeur de régler vos histoires toute seule la prochaine fois. Qu'en pensez-vous ?

Camille ne trouve pas grand-chose à opposer au raisonnement...

— Et ce papier que j'ai dans la main ? Je leur montrerai, dit-elle.

— Il ne mentionne pas la nature du lot que vous avez gagné. Si vous leur expliquez, là ils vous prendront vraiment pour une folle.

— Et le site Internet ? Il a bien existé, d'autres ont dû le consulter !

— Certes… Y a-t-il un en-tête sur la feuille que vous tenez en main ? Une adresse ? Un numéro de téléphone ?

— Non !…

— Alors…

Camille file de nouveau à la cuisine remplir son verre. Elle y reste un instant, se passe de l'eau sur le visage, réfléchit. Rien de satisfaisant ne ressort de cette réflexion, tout cela est absurde, impossible, incohérent. Pourtant un homme est là, chez elle, dans son salon, qui prétend être le gros lot qu'elle a gagné à un jeu. C'est farfelu, peut-être terrible, et pourtant c'est vrai…

Mais non ! il s'agit d'un jeu de rôle, ou d'un gag, bien sûr ; une caméra cachée, une connerie de maison de production pour une émission idiote d'une chaîne grand public.

Pour en avoir le cœur net, ne suffit-il pas qu'elle compose le numéro de la police ? Là, il faudra bien que la mise en scène s'arrête ; certainement il y a des gens dans son couloir, un animateur, un vidéaste, un preneur de son…

Il n'y a personne dans le couloir, pas plus que dans la cage d'escalier…

Camille tire son portable de son sac. Le jeune homme se lève, il est pâle. Camille lit de la terreur dans ses yeux, son visage a subitement revêtu le masque de l'épouvante.

— Je vous en supplie, ne faites pas ça ! implore-t-il.

Camille se dit qu'il lui suffirait de lui arracher son portable des mains, ce qu'il ne semble pas vouloir faire.

Il se rassied, se tient tranquille, les yeux fermés et les mains jointes. Camille ne comprend pas, il semble à sa merci...

Que craint-il ? Elle se dit que tout cela est trop anormal pour n'être qu'un jeu.

Le jeune homme ouvre les yeux. Camille lit sur son visage une souffrance, une détresse qui lui rappellent celles de sa mère après le coup de téléphone de l'hôpital leur apprenant que son père était condamné par une sclérose foudroyante.

Camille avait quinze ans, jamais elle n'a oublié ce regard dont elle retrouve aujourd'hui l'expression de panique chez ce jeune homme, qu'elle ne connaît pas, qui n'est chez elle que depuis quelques minutes et qui semble être sincère...

Chapitre V

Non, c'est un fou ; un mythomane ou un schizophrène. Comment pourrait-il en être autrement ? Prendre rendez-vous avec un psychiatre, voilà ce qu'il faut faire. Ce site farfelu, c'est lui tout seul sans doute qui l'a inventé, pour se faire de l'argent, ou pour trouver des femmes. Camille revient sur la dernière hypothèse en convenant qu'avec le physique qu'a ce jeune homme il ne devrait pas avoir besoin d'imaginer de tels subterfuges...

Mais en attendant, la voilà avec un homme chez elle ; certes, elle l'a toujours souhaité... mais dans d'autres circonstances, plus normales !

Il n'a pas l'air bien dangereux ; sa panique, lorsqu'il a vu le téléphone, rassure Camille, et elle n'est pas femme à se laisser monter sur les pieds par un homme, si beau soit-il. Pour ce soir, s'il ne veut pas partir, qu'il reste là, demain on verra clair. Camille passera la nuit dans sa chambre fermée à clé, son portable sur la table de chevet, au cas où. Pour l'instant elle remonte la rue Rousseau les bras plus chargés que d'habitude, puisqu'elle a quelqu'un à dîner.

A l'angle de la rue de Suffren, comme pour un salutaire instant de décompression, elle s'assied dans une aubette de bus, pose ses paquets devant ses pieds, allume une cigarette, exhale longuement la première bouffée. *C'est quand même dingue,* se dit-elle. *Voilà un type qui débarque chez moi, m'annonce que je l'ai gagné à un jeu, que je peux donc faire de lui ce que je veux (elle s'empourpre) et que je dois le garder sous peine de mort ! Dingue, c'est le mot, j'ai donc raison de demander l'avis d'un psychiatre. Demain matin, je téléphonerai de la préfecture à un médecin.*

Un bus s'arrête, la porte s'ouvre, elle n'y prête pas attention, le chauffeur repart en se disant : *Encore une folle !*

Camille entre dans son salon après une hésitation méfiante.

— Aimez-vous le tajine ? demande-t-elle comme pour redonner un peu de naturel à une situation qui ne l'est pas.

— J'adore ! répond le jeune homme avec un enthousiasme contrastant tellement avec sa panique d'il y a peu, que Camille y voit la confirmation d'une certaine folie, en tout cas d'une grande instabilité d'humeur.

Tandis qu'elle lui sert un verre de vin, désireuse d'instaurer une ambiance bon enfant un peu comme si elle recevait un cousin de passage, elle en profite pour en savoir un peu plus sur ce garçon, Camille qui ne perd jamais le nord...

— D'où venez-vous ?

— De l'Est, dit-il en reposant son verre.

— Ah... Ardennes, Franche-Comté, Lorraine ?

— Ukraine. *Via* la Russie et quelques républiques ex.

— Mais vous êtes français ? demande Camille qui a remarqué l'impeccable langage du jeune homme.

— Bien sûr ! J'ai d'ailleurs ma carte d'identité dans mon veston. Si vous voulez la voir...

— Non, non ! répond-elle avec empressement.

Elle l'observe du coin de l'œil tandis qu'il attaque son tajine. Il sait se tenir à table, très bien même.

— Le risque de mort que vous évoquiez lorsque j'ai voulu téléphoner à la police, d'où vient-il ? Et qu'est-ce que c'est que ce tirage au sort débile dont vous prétendez être l'enjeu et moi la gagnante ?

Il s'essuie les lèvres avec sa serviette, se recule légèrement sur sa chaise ; il s'attendait à devoir fournir à la jeune femme ces explications indispensables.

— C'est Vladimir qui a eu l'idée.

Il avale le fond de son verre.

— Qui est Vladimir ?

— Un fou...

Je me doutais bien qu'il y avait un fou dans cette histoire, songe Camille.

— ... mais un fou dangereux. Vladimir est une espèce de petit potentat de la mafia bélarusse. J'ai fait sa connaissance dans un bar d'Odessa, où je vivotais depuis quelque temps en panne de poursuivre mon voyage vers Kichinev, en Moldavie, c'est-à-dire en panne d'argent. Je logeais dans un petit meublé, ulitza Puchkinskaïa (rue Pouchkine). Bref, Vladimir m'a proposé de m'avancer de l'argent pour poursuivre mon voyage vers la France, à condition que je « passe » pour lui quelques bricoles qu'un de ses comparses récupérerait à Budapest.

— De la drogue ? Des combustibles nucléaires ?

— Non, je ne suis pas idiot ; des passeports occidentaux dérobés dans une ambassade de Kiev et destinés à faire passer ensuite à l'Ouest des jeunes filles hongroises et roumaines.

— Je vois ! un réseau de prostitution ?

— D'évasion, dirons-nous. A Buda, comme j'étais encore une fois à court d'argent, j'ai vendu les passeports au lieu de les remettre à son correspondant au rendez-vous de qui je me suis bien gardé de me rendre.

Le jeune homme avale un morceau de mouton en jetant un regard soutenu à la bouteille de bordeaux dont Camille lui ressert un verre.

— Merci.

— Ensuite ?

— Ensuite je suis rentré à Paris où je partageais un appartement avec un ami. Un jour, alors que je traînais seul au marché aux Puces de Saint-Ouen, je suis entré dans une brasserie manger un morceau. Deux types se sont assis à côté de moi. J'ai reconnu à leur physique, à leurs vêtements et à leurs manières, qu'ils étaient slaves. Ils m'ont dit qu'ils étaient envoyés par Vladimir, qu'il pouvait retrouver quelqu'un n'importe où en Europe, et même dans le monde avec un peu de temps. Ils m'ont emmené avec eux, et je me suis retrouvé dans un appartement du 18e arrondissement… en présence de Vladimir. Vladimir m'a indiqué, sans violence d'ailleurs, qu'il fallait que je rembourse ma petite dette, avec amende, intérêt et indemnités, sinon… Sinon il me tuerait. L'argent des passeports représentait environ vingt mille euros, il m'en réclamait le double. Je ne pouvais évidemment régler ma dette, ce dont Vladimir se doutait d'ailleurs. C'est là qu'il m'a proposé son *deal*. Je vous ai dit que Vladimir était fou, c'est peu dire. Il est rusé, vicieux, tordu. J'étais devenu une sorte de proie pour lui, un jouet.

« Depuis quelque temps la police française – niçoise marseillaise et parisienne – s'inquiétait de l'abondance des filles de l'Est en situation irrégulière en France et qui se livraient à la prostitution. Opinion publique, reportages à la télévision, les politiques s'en sont mêlés, il y a eu des questions au gouvernement lors de débats au Sénat et la police a reçu pour consigne d'interpeller systématiquement les filles. Ce qui mettait Vladimir dans l'embarras, puisque c'est lui qui les faisait venir.

A ce moment du récit du jeune homme, Camille, qui a écouté attentivement en quête d'invraisemblances, commence à croire à cette histoire, se dit qu'elle est peut-être inventée par ce jeune homme mais semble crédible.

— Vladimir cherchait pour moi, se doutant que j'étais sans argent, une punition qui puisse à la fois lui rapporter de l'argent, et qui satisferait son instinct de prédateur, de chasseur qui déteste qu'une proie lui échappe, ainsi que son goût des coups vicieux. Ils se sont mis à boire, de la vodka. Ils parlaient russe. J'ai entendu des éclats de rire, vu des sourires. Ils ont inventé, au terme d'une nuit de soûlerie durant laquelle je ne rigolais pas, soyez-en sûre, ce concours absurde dont je serais l'enjeu et la victime. Techniquement il n'y avait pas trop de difficultés. Quand ils m'ont expliqué la chose, je n'y ai pas cru. Et puis, quelques jours plus tard, Vladimir et ses copains sont venus me voir, chez moi, avec vos coordonnées et un billet de cent euros pour le voyage.

« On a des amis à Nantes, m'a-t-il dit, des Serbes, qui t'auront à l'œil. Si tu romps le contrat, si tu décampes comme à Budapest, tu es mort, ils se chargeront de toi. Quand tu verras les Serbes, dis-toi que si tu fais un pas de travers... »

— Et votre dette ?

— Vladimir m'a annoncé qu'environ cinq mille femmes s'étaient inscrites à sa loterie, que quatre mille cinq cents environ avaient réglé cinquante euros, qu'au niveau de ma dette je ne lui devais plus rien, il avait d'ailleurs eu une sacrée bonne idée grâce à moi, et que le reste, mon obligation d'accepter d'être un lot, serait ma punition. Il m'a dit aussi que si la fille me chassait, les Serbes concluraient que j'ai rompu mon contrat... Et Vladimir a ajouté en rigolant : « J'espère au moins pour toi qu'elle ne sera pas trop moche. »

Camille baisse les yeux...

« Je suis bien conscient, ajoute le jeune homme, de l'embarras dans lequel je vous mets. Je n'ai pas le choix. Encore une fois réfléchissez, et si vous décidez tout de même d'appeler la police, dites-vous que je disparaîtrai, certes, mais pour toujours ; les Serbes ne plaisantent pas. Je dois aussi vous avouer, termine-t-il en rougissant, que je suis provisoirement sans argent. »

Chapitre VI

Camille descend les marches qui mènent de la place du Bon-Pasteur à la rue des Vieilles-Douves en traînant un peu parce que ses chaussures neuves lui font mal aux pieds. Sa journée de travail a été désagréable, car elle a commis de nombreuses erreurs en examinant ses dossiers, n'ayant pas la tête à ça. Elle a aussi envoyé sur les roses Anne-Cécile et Charlotte qui trouvaient qu'elle n'avait pas bonne mine.

Toute la journée elle a repassé dans sa tête les événements dont elle est elle aussi victime, en tâchant d'élaborer une conduite à tenir, et n'aboutissant qu'à des solutions provisoires. Ce jeune homme ment-il ? Et s'il dit vrai, peut-elle lui faire courir, en le mettant dehors, le risque d'être abattu par des malfrats qui ne sont certainement pas à ça près ?

Elle ouvre la porte de son appartement, constate que son téléviseur est allumé et que Fabrice (elle lui a quand même demandé son prénom) regarde un jeu télévisé.

— Vous avez passé toute la journée dans l'appartement ? lui demande-t-elle.

— Oui.

— Mais pourquoi n'êtes-vous pas sorti alors que j'ai laissé le double des clés sur la table de la cuisine ?

— Je n'aime pas que l'on me voie déambuler seul dans les rues, on pourrait penser que je cherche à m'échapper.

— Ah !...

— Je ne suis pas resté inactif tout de même. J'ai déniché quelques petites choses dans votre congélateur et j'ai préparé un repas.

*

* *

A onze heures du soir, Camille, qui a eu une journée fatigante et ne parvient pas à s'endormir, quitte son lit, enfile son peignoir et sort de sa chambre pour aller boire un verre d'eau dans la salle de bains en prenant bien soin de ne pas réveiller ce jeune homme qui dort sur le clic-clac du salon. Mais, comme elle parvient au bout du couloir, la porte de la salle de bains s'ouvre devant elle et le jeune homme paraît, en pantalon de jean mais le torse nu. Camille s'empourpre et fait demi-tour sans rien dire.

*
* *

— Vraiment, se lamente Charlotte, Camille est imbuvable en ce moment. L'autre jour, à Monoprix, elle a fait semblant de ne pas nous reconnaître. Et elle ne met plus les pieds au Louis XIII, ce n'est pas très sympa pour les copines. On ne sait même pas ce qu'elle nous reproche !

— Rien, assure Clotilde. Je suis sûre qu'elle n'a absolument rien contre vous ; elle traverse une crise, une crise de femme.

— C'est d'être toute seule à son âge qui la travaille, affirme Anne-Cécile. Elle se dit que plus le temps passe, plus ses chances de trouver un garçon diminuent… Elle se voit vieillir, ça la désespère.

— C'est probablement ça, dit

Charlotte, mais ce n'est pas une raison pour nous faire la tête et j'ai bien l'intention, la prochaine fois que je la verrai, de lui demander des explications.

*
* *

— Voilà quatre jours que je suis chez vous. Je ne vous fais pas de reproches, mais avouez que si on vous avait offert un chien ou un chat, vous le sortiriez de temps en temps prendre l'air.

— Mais les clés...

— ... de l'appartement sont sur la table de la cuisine, je sais. Seulement je vous ai dit que je ne souhaitais pas sortir seul, à cause des Serbes.

Camille les avait oubliés, ceux-là, les Serbes. Elle convient aussi que Fabrice, dans la situation actuelle, est plutôt dépendant d'elle, et qu'il serait poli, puisqu'il est en quelque sorte un hôte forcé, qu'elle s'occupe de lui comme on s'occuperait d'un ami ou d'un parent en visite, malgré les contraintes du travail, puisqu'elle a accepté qu'il reste chez elle tant qu'on n'aura pas décidé quelque chose. Décidé quoi, du reste ?

Elle regarde sa montre, il est dix-huit heures trente. Quel inconvénient y aurait-il à ce qu'ils descendent marcher un peu dans les rues du centre ville, puis qu'ils aillent boire un verre quelque part ? Ça leur fera du bien à tous les deux.

Le centre ville représente un secteur géographique relativement réduit pour une agglomération de cette importance, on peut le parcourir ou en faire le tour assez vite, du théâtre Graslin jusqu'au château des ducs de Bretagne, de la préfecture jusqu'à la Loire, au-delà desquels on pénètre dans les quartiers.

Camille et Fabrice descendent le passage Pommeraye, cette galerie marchande affectionnée du cinéaste Jacques Demy et de quelques autres. Souvent le dimanche matin Camille s'y promène, pouvant à loisirs, puisque la fermeture des magasins évite le flot des chalands, contempler les statues qui bordent les escaliers, depuis qu'elle a découvert leur splendeur dans un texte du *Musée noir* d'André Pieyre de Mandiargues. Toutefois ce soir elle n'est pas seule et les passants se pressent nombreux dans le passage pour leurs dernières courses ou pour rentrer chez eux ; aussi ne regarde-t-elle pas les statues mais ces gens dont elle croit que la plupart la dévisagent, surtout les femmes.

Elle n'a pas tort, elle se rend compte bientôt que celles-ci repèrent et admirent la beauté exceptionnelle du jeune homme qui marche à ses côtés, certaines se demandant même s'il ne s'agirait pas là d'un acteur ou d'une vedette, comme si on ne pouvait être à la fois anonyme et beau. D'autres s'étonnent qu'un si beau jeune homme puisse être accompagné d'une si quelconque jeune femme, sauf bien entendu si c'est une parente, d'ailleurs ils ne se tiennent pas par la main.

Camille cesse de regarder les femmes qu'ils croisent, elle se sent gênée, voilà une situation bien nouvelle dans son existence, et qu'elle n'avait jamais envisagée.

Ils traversent la rue de la Fosse dans laquelle débouche le passage Pommeraye, filent vers la place Royale. Fabrice est ravi, le temps est agréable, il aime les foules et les villes, celle-ci lui semble particulièrement intéressante à découvrir ; il prend le temps de contempler, comme le ferait un touriste, la statue de la place Royale entourée de ses tritons, dont Camille lui explique qu'ils sont des allégories de la Loire et de ses affluents.

Ils longent ensuite les nombreux cafés de la place du Commerce jusqu'à l'ancien palais de la Bourse qui abrite maintenant une FNAC. Fabrice propose d'y faire un tour. L'entrée du bâtiment est encombrée d'un nombre important de jeunes gens assis sur les marches, lieu de rendez-vous de la ville ; la progression est lente jusqu'aux escaliers roulants. Encore une fois Camille constate l'effet de son compagnon sur les filles, même les très jeunes, qui interrompent leurs conversations, oublient leur téléphone portable, ouvrent le bec comme si elles manquaient d'air.

Comme le phénomène se reproduit dans les différents rayons des deux étages, ainsi qu'en passant devant les caisses, Camille, visiblement mal à l'aise, décide de quitter l'endroit.

Ils entrent dans un café que Camille a choisi parce qu'elle ne s'y rend jamais. Elle s'installe sur une banquette le long d'un mur au fond de l'établissement, en sorte que Fabrice, assis en face d'elle, ne montre aux consommatrices que sa nuque.

Chapitre VII

Camille parviendra-t-elle à trouver le sommeil ? Elle a pris soin de placer sur sa table de nuit une bouteille d'eau minérale pour éviter, en cas de soif, d'avoir à croiser Fabrice dans le couloir de son appartement pendant la nuit. Elle tourne et retourne dans son esprit les événements dont elle ne sait plus si elle est victime, sans parvenir à une conclusion satisfaisante ni à la décision d'une conduite à tenir. Car tout ceci est tout de même extraordinaire, hors du commun. Inimaginable quoique réel, c'est bien ce qu'elle doit se mettre dans la tête !

Parfois elle tâche de considérer ces faits avec humour et détachement, comme maintenant en allumant une cigarette. Enfin ! elle a remporté un concours, gagné un homme qui est ici chez elle, mis à sa disposition par une contrainte, une machination dont il ne peut se défaire dans l'immédiat. *Un homme à ma disposition*, songe-t-elle, *à mon entière disposition !*

Elle s'empourpre et entrevoit une succession de fantasmes qu'un narrateur bien élevé ne s'autoriserait à décrire, car enfin ce jeune homme est très beau et Camille ne peut perdre de vue qu'un homme chez elle constitue un désir, un rêve tenace qui ne l'a pas quittée depuis des années, sans qu'elle imagine réaliste qu'il fût aussi beau que Fabrice. Cependant il ne lui est jamais venu à l'idée d'en obtenir un de cette manière-là…

Elle regarde son radio-réveil qui indique deux heures et s'aperçoit qu'il ne lui reste que cinq heures de sommeil ; elle ferme les yeux, essaie de dormir…

A-t-il des défauts ? songe-t-elle malgré elle. *Enfin, comme disait sa grand-mère : A cheval donné on ne regarde pas les dents !*

Les dents ! Camille se redresse avec effroi.

Il n'a pas de dentier, j'espère…

*

* *

Dix-sept heures quinze... il faudrait quand même qu'elle passe faire une apparition au Louis XIII, ses copines vont finir par se vexer, voilà huit jours qu'elle n'y a pas mis les pieds. Cet après-midi, dans son bureau, elle s'est demandé si elle emmènerait Fabrice avec elle.

D'abord il n'est pas honteux de se promener avec un garçon. Et pourquoi le cacherait-elle ? De toute manière, tôt ou tard, on les verra ensemble, dans la rue, dans un magasin, dans un café.

Camille tire son portable de son sac et téléphone chez elle.

*

* *

Anne-Cécile repose son verre de jus de fruit avant d'avoir eu le temps de le porter à ses lèvres.

Clotilde, en face d'elle, se demande la cause d'une pareille sidération et se retourne, imitée par Charlotte.

Il est inutile que l'une d'elles dise aux deux autres ce qu'elles pensent elles-mêmes. L'hallucinant s'est produit, elle viennent de voir entrer au Louis XIII le plus joli garçon qu'il leur ait été donné de contempler dans cette ville, et il accompagne Camille, ce qui est plus invraisemblable que tout, déstabilise les lois de l'harmonie, de la logique, du bon sens, de la nature et de la justice.

Bref, elles sont envieuses.

Camille s'avance vers ses amies, les embrasse, leur présente Fabrice et s'assied près de lui à gauche d'Anne-Cécile.

Fabrice s'ennuie d'être en compagnie de ces trois jeunes femmes qui le dévorent des yeux ; il préfère être seul avec Camille, elle au moins ne le regarde pas sous le nez sans arrêt.

Camille demande de leurs nouvelles à ses amies qui ne l'écoutent pas, hèle un serveur, prend son mal en patience.

— Vous êtes nantais, Fabrice ? demande Charlotte.

— Depuis peu.

— Ah ! Et vous comptez rester à Nantes quelque temps ?

— Je ne sais pas, ça dépendra de Camille.

Effarement des trois jeunes femmes, dont Camille s'aperçoit. Elle va mentir, pour lever l'invraisemblance aux yeux de ses amies d'une liaison entre elle et ce jeune homme...

— Fabrice est un de mes cousins, de Paris. Il est à Nantes pour un entretien d'embauche, alors je l'héberge chez moi, naturellement.

Le soulagement est immédiat, elles respirent...

— Et dans quoi travaillez-vous ? demande Clotilde

— Dans l'import-export, répond Fabrice.

Bientôt le jeune homme montre vraiment qu'il s'ennuie et regarde souvent l'horloge au-dessus du bar.

... Il est encore plus beau quand il fait la tête, songe Camille.

Clotilde, pour ne pas montrer qu'elle est subjuguée par ce garçon, engage une petite conversation avec Camille, lui demande si elle a des nouvelles de sa copine Gaëlle en stage à Paris depuis quinze jours. Elle n'en a pas. Bientôt Camille, qui s'est aperçu de l'agacement de Fabrice et qui constate que les femmes des tables voisines le regardent de plus en plus et sans vergogne, décide de partir, prétextant une visite du plâtrier à son appartement.

Fabrice évite de prévenir Camille, après avoir quitté le Louis XIII, que les deux types qui buvaient de la bière à la table d'à côté discutaient en serbo-croate.

*
* *

Après tout, se dit Fabrice, *cette fille est une sorte d'aubaine dans l'immonde traquenard de Vladimir. C'est vrai, elle se conduit avec moi comme si j'étais son invité, elle me nourrit et ne me demande rien. Les trois dindes d'hier soir, s'il leur était arrivé la chance de me gagner au concours de l'autre dingue, je sais bien ce qu'elles auraient exigé de moi très rapidement ; ensuite elles m'auraient exhibé dans toute la ville pour faire crever leurs copines, et les autres, de jalousie ; cette nuit, elles ont du rôtir dans leur lit comme trois paupiettes dans leur barde.*

Fabrice se méfie de ces filles qui sont assez belles, le savent et veulent séduire tout le monde. Il en a rencontré beaucoup, souvent très superficielles. Il adore les éconduire, les dédaigner, ça les remet à leur place et fait beaucoup de bien à leur ego. Camille, elle, ne répond pas aux canons du moment. Fabrice pense avec pitié à ces pauvres filles, grandes asperges anorexiques à la démarche lourde, au regard mort de zombies, qui croisent les jambes en marchant, ces mannequins, ces portemanteaux dont la féminité s'est évaporée et que l'on propose comme archétype de beauté à toutes celles qui rêvent d'être à leur place dans des défilés de mode orchestrés par des hommes dont le regard sur les femmes est souvent plus plastique que sensuel.

La sonnerie de la porte d'entrée sort le jeune homme de ses appréciations...

C'est Clotilde. Elle feint de s'étonner que Camille ne soit pas là, sachant très bien qu'à cette heure-ci elle est encore à la préfecture.

Fabrice ne dit mot, ne la fait pas asseoir, ne propose pas de boisson.

— Quelle chaleur ! dit-elle. Vous restez dans l'appartement d'un temps pareil ? Il fait si beau dehors, on a envie de se promener dans les rues, d'y respirer le printemps. Mais peut-être connaissez-vous Nantes encore mal ? Si vous voulez, je pourrais vous montrer quelques endroits où l'on se croirait en pleine campagne. L'île de Versailles, près de la préfecture.

— J'y suis allé avec Camille.

— Il y a aussi le jardin des Plantes, près de la gare, ou le parc du Grand Blottereau, c'est un endroit très romantique.

— Vraiment ! dit Fabrice avec un soupçon d'ironie.

— Très...

Fabrice croise les bras et regarde Clotilde, la jeune femme se sent confuse mais très émue, baisse les yeux.

Un silence s'installe. Le cœur de Clotilde s'accélère, elle est au comble de l'émotion.

Enfin elle lève les yeux vers le jeune homme.

— Voulez-vous m'embrasser ? lui demande-t-elle tout de go.

— Non, répond Fabrice.

Elle se sent défaillir.

— Pourquoi ?

— D'abord parce que je n'en ai pas envie, ensuite parce que j'appartiens à Camille.

— Je l'ignorais... répond Clotilde, déconcertée.

— Eh bien maintenant vous le savez.

— Au fait, mademoiselle, ajoute Fabrice avant que Clotilde ait quitté l'appartement et après qu'il a observé sa tenue provocante : on voit votre ventre ; et on voit aussi votre slip...

*

* *

— Tu en as d'une mine ! Qu'est-ce qui t'arrive ?

— Fous-moi la paix, Charlotte, me prends pas la tête ! répond Clotilde en s'asseyant.

Elle allume une cigarette, n'ôte pas ses lunettes de soleil, demande un scotch au serveur.

— Bon, eh bien moi, il faut que je me sauve, j'attends un coup de fil de ma mère, ment Charlotte en se levant. A plus tard !

Chapitre VIII

... *Toi, ma petite,* se dit Fabrice en pensant à Clotilde qui vient de quitter l'appartement, *je t'aurais bien fait ton affaire, mais je ne suis pas assez bête pour remettre en cause ma sécurité, et risquer que Camille me foute à la porte, pour ta jolie frimousse. C'est vrai, quoi, ici je suis peinard, nourri logé sans contreparties. Camille est sympa avec moi, comme une parente ou une amie, je ne lui donne même pas un coup de main pour les courses ou le ménage. Elle a du caractère, de l'humour parfois ; certes il lui arrive d'être déconcertante... pourquoi diable m'a-t-elle demandé hier soir si je portais un dentier ? Bref, nous nous accommodons l'un de l'autre, comme on dit, et il ne faut pas que j'oublie que je suis son obligé et que, dehors, il y a les Serbes de Vladimir.*

Fabrice marque une pause dans sa pensée, le souvenir des deux gaillards à côté d'eux au Louis XIII ne le rassérène pas.

... Enfin ! ils ne vont tout de même pas me surveiller toute leur vie, ils se lasseront. Et Vladimir ! il est fou et dangereux., mais il n'est pas invulnérable ; pourquoi n'irait-il pas séjourner quelque temps dans les geôles d'Ukraine ou de Biélorussie pour quelques années après une bonne dénonciation ? Pourquoi, encore mieux, ne ramasserait-il pas une rafale de kalachnikov tirée par des mafieux concurrents ? Je serais libéré de ce contrat idiot, de cette menace....

En attendant il faut rester en stand-by *aussi longtemps que possible, le temps est mon allié.*

Une fois encore la sonnette tire Fabrice de ses méditations, il y a des jours comme ça...

La mère de Camille écarquille les yeux en regardant le jeune homme. Fabrice lui explique qu'il est un ami de sa fille, qu'elle ne va pas tarder à rentrer de la préfecture.

Elle repassera, ou plutôt elle téléphonera à Camille.

Elle descend l'escalier de l'immeuble en se demandant si elle n'a pas rêvé.

*

* *

Fabrice, qui ne sait pas combien de temps sa situation va durer et qui admet qu'il ne peut vivre éternellement sans argent et aux crochets de Camille, jette un œil sans conviction aux annonces d'emploi du journal dont il sait d'avance qu'elles ne le concernent pas.

Les raisons de cette éviction sont nombreuses... La première est son manque complet de formation et de diplômes ; il a bac moins trois, Fabrice, qui a mis volontairement un terme à sa scolarité le jour de ses dix-huit ans, pendant son année de seconde au lycée de Vanves, lassé de tirer le diable par la queue, conscient de la nécessité de gagner sa vie au plus vite. La seconde raison est qu'il est paresseux, travers hérité de son père et à peu près unique legs du géniteur.

Son père ! il le revoit, malade, lui tenant des propos lénifiants sur l'argent qu'il n'avait jamais eu, sur les vertus de la pauvreté, sur le bonheur dans le dénuement. « C'est ça, lui avait-il répondu avec une ironie amère, si un jour on écrit l'histoire de notre famille on pourra l'intituler : *Le bonheur est dans le pré...caire.* »

« Tu recevras de moi l'essentiel ! avait ajouté le père quelque temps avant sa mort : mon nom et mon titre. »

Le nom, d'ailleurs bien ridicule : Saint-Fiacre, Fabrice aurait préféré qu'il fût accompagné d'une enveloppe avec un chèque. Quant au titre, que son père s'était rappelé être en droit de porter vers l'âge de soixante ans, il sentait le désuet, l'anachronisme, l'exhumation de l'Ancien Régime : chevalier.

Non, l'essentiel n'était pas cet héritage-là, l'essentiel était de survivre et de sortir de cette misère où son père les avait entraînés tous les deux avec brio depuis la mort de sa mère. Le chevalier de Saint-Fiacre était alors tombé dans une sorte de prostration, ne s'occupant plus de ses affaires ni de son fils. Les lettres administratives s'étaient amoncelées, non décachetées – dans un tiroir du secrétaire Louis-Philippe de sa chambre et, très vite, elles furent suivies d'avis de lettres recommandées qu'on n'alla pas chercher à la poste ;

enfin les huissiers se présentèrent, jetés dehors comme de vulgaires gueux, et revinrent, comme de vilaines maladies chroniques, accompagnés du commissaire.

Le vieux paresseux jugeant dégradant de chercher du travail, il eut bientôt affaire à l'assistante sociale puis au minimum vieillesse.

Chaque matin en se rendant, désormais à pied, au lycée de Vanves, Fabrice passait devant un petit hôtel particulier Restauration, leur maison de famille, maintenant occupé par le beau-frère de la responsable du service contentieux du Crédit agricole, sa concubine et leurs enfants.

Lorsque le chevalier partit rejoindre ses ancêtres dans leur gloire, Fabrice prit la décision d'abandonner le lycée. Ayant bénéficié pendant les années de superbe de sa famille de solides leçons de solfège et de violon au Conservatoire, il courut vendre son talent dans les couloirs du métro, vivota quelque temps puis décida d'aller voir du pays. Il débarqua à Londres, accepta un emploi de plongeur dans un restaurant français dont le directeur, ayant vite remarqué que Fabrice savait servir une tasse de thé sans se brûler les doigts ni renverser de liquide sur la nappe, et qu'il connaissait les us et coutumes de la table, en fit son maître d'hôtel, activité que le jeune homme poursuivit quelques mois plus tard sur un ferry reliant l'Irlande à l'Angleterre.

De retour en France trois ans plus tard, les économies du ferry furent dissipées dans une station balnéaire de Normandie.

Que dire des années suivantes, sinon qu'elles présentent peu d'intérêt ? Fabrice travailla assez longtemps à la réception d'un grand hôtel parisien, mais l'arrogance et la grossièreté d'une clientèle parvenue finit par le dégoûter et le convaincre que son avenir était sur les routes. C'est ainsi qu'après avoir bourlingué dans presque toutes les capitales d'Europe de l'Ouest, Fabrice fila tenter sa chance dans les ex-républiques soviétiques auxquelles la chute du Mur semblait offrir des perspectives. Et c'est ainsi, à cour d'argent, qu'il se laissa aller à de petits trafics au terme desquels se profila l'imposante stature de Vladimir...

*

* *

— Qui est-il ? Que fait-il ? Qui sont ses parents ? En tout cas il a l'air très bien élevé, très courtois. Et élégant, on sent de l'éducation. Comment l'as-tu rencontré ?

— Maman... Je ne sais pas. Et puis mon travail n'est pas terminé, on peut entrer dans mon bureau à tout instant. Alors tu comprends... Je te rappellerai.

— Ce soir ?

— Non, demain, vers une heure.

— Viens à la maison, tu déjeuneras avec moi.

Camille est de mauvaise humeur, fatiguée et un peu triste. Demain elle affrontera sa mère, ce ne sera pas une partie de plaisir, il faudra mentir. Et puis Clotilde... pourquoi a-t-elle quitté le Louis XIII dès que Camille y est entrée ? Que lui a-t-elle fait ? Qu'est-ce que c'est encore que ces histoires ?

Fabrice a remarqué assez vite que ça n'allait pas, pense à tort ou à raison qu'il est peut-être la cause de la perturbation qu'il sent chez Camille, évite de l'interroger et opte pour une stratégie qui a souvent fait ses preuves, la prévenance et la gentillesse. Il descendra faire des courses chez le Soussi, préparera le repas, Camille se reposera pendant ce temps-là en écoutant de la musique. Ensuite, si la jeune femme a plutôt envie de rester seule, il ira faire un tour en ville ou bien au cinéma.

Camille s'apprêtait à lui faire des reproches, comme par exemple d'être entré dans sa vie sans crier gare et de s'y être imposé sur fond de menace et de l'avoir bouleversée, ou bien encore de mettre sous son nez une présence d'homme dont elle a toujours été privée, on peut même dire frustrée, ou enfin de perturber ses relations avec ses copines et d'être la cause du harcèlement opiniâtre que sa mère va lui faire subir dès demain midi... Elle n'en a plus la force.

Alors elle ne dit rien et, dès que Fabrice a refermé la porte de son appartement, elle pleure, Camille, elle vide son cœur des poisons qu'on y a introduit.

Chapitre IX

Puisque Camille se dit fatiguée et migraineuse, qu'elle souhaite se coucher tôt, Fabrice, dès la fin d'un repas vite expédié, quitte l'appartement pour aller boire un verre en ville. Il évite le Louis XIII, bien entendu, et s'attable au café du Commerce, sur un guéridon où l'on est peu en vue, derrière un pilier.

Il pense aux bouleversements que sa présence a imposés à cette jeune femme. Il suppose aussi, maintenant qu'il la connaît un peu mieux, qu'elle a eu peu d'hommes dans sa vie sans pour autant les fuir, et que vivre non pas avec elle mais chez elle, se promener à ses côtés comme s'ils étaient amants, dans les rues, les cafés, devant ses amies, constitue pour Camille une situation ambiguë difficile à supporter.

Il a essayé, pendant les courts instants qu'il a passés avec elle ce soir, d'être aussi attentionné et bienveillant que possible. Mais ces efforts n'ont fait qu'augmenter une sorte de tristesse mêlée de regret et de déception, bien visibles dans ce regard très doux que Fabrice a quitté avant que des larmes ne le voilent.

*

* *

Fabrice entre dans l'appartement le plus discrètement qu'il le peut. Dans le salon, le clic-clac est installé ; le réveil, sur la table, indique onze heures trente. Il enlève sa chemise et ses chaussures et s'apprête à entrer dans la salle de bains lorsqu'il constate un rai de lumière sous la porte. Il sent aussi une forte odeur de cigarette dont il s'étonne.

La porte s'ouvre...

Camille s'efforce de sourire. Elle n'est vêtue que d'une chemise de nuit de coton blanc, en fait un tee-shirt trop grand pour elle, ses cheveux sont ébouriffés, comme ceux de quelqu'un qui s'est tourné et retourné dans son lit pour essayer de trouver le sommeil en sachant qu'il n'y parviendra pas.

— Je n'arrive pas à m'endormir, dit-elle en baissant les yeux.

— Je vais vous préparer quelque chose, j'ai vu des sachets de tilleul et de camomille dans le buffet de la cuisine.

Fabrice remarque que sa proposition amuse la jeune femme, semble même la dérider.

— J'ai dit quelque chose de drôle ?

Camille s'assied sur le canapé, met son visage dans ses mains, son esprit est ailleurs...

— Quand j'étais gosse, explique-t-elle, j'avais souvent du mal à m'endormir. Alors ma mère me faisait une infusion de tilleul ou de camomille ; c'est mon père qui me l'apportait dans mon lit. Ça l'amusait, et il s'est mis à me surnommer « Camille-camomille ».

Fabrice pose le sucrier sur la table sans que Camille y prenne garde, ses yeux paraissent fixer le tapis, elle ne dit rien, peut-être ne veut-elle pas qu'on les voie. Fabrice s'approche, s'assied à côté d'elle puis, de son index, soulève le menton de la jeune femme qui ferme maintenant les yeux, l'embrasse délicatement sur le front et lui dit d'un ton très enjoué :

— Bonjour ! Camille-camomille...

Il se lève en lui prenant les mains,

l'invitant à se lever à son tour, puis il la serre dans ses bras, longtemps, fortement, avant de l'embrasser à nouveau, mais sur les lèvres cette fois.

*

* *

A travers la baie vitrée du service de l'état civil, le chef de cabinet regarde les employés quitter la préfecture, puisqu'il est dix-sept heures. Il observe notamment Camille, assise sur un muret au-delà des marches, semblant apprécier particulièrement la cigarette qu'elle fume.

— Cette pauvre Mlle Gaucher ! dit le chef de cabinet à trois de ses collaboratrices qui l'observent aussi. Toujours célibataire à son âge... Ça lui fait quel âge déjà ?

— Trente-cinq ou trente-six, répond une des fonctionnaires.

— C'est vrai, dit la seconde, on ne la voit pas souvent au service de l'état civil, surtout à celui du changement (elle insiste sur le mot) d'état civil...

Rires des deux autres et sourire complaisant du chef de cabinet.

— Et guère de promotion en vue, ajoute-t-il cruellement. Tiens ! A-t-elle de la famille ? Un frère ? Voici un jeune homme qui s'avance vers elle.

Les trois femmes tendent le nez vers la vitre comme devant un aquarium où l'on vient d'introduire un cœlocanthe...

— Non, je n'ai jamais vu ce jeune homme, dit la première

— Qu'est-ce qu'il est beau ! s'exclame la seconde.

— Ça ne peut être qu'un parent, ou un ami... confirme la troisième.

Mais voilà que l'ami-parent prend la jeune femme dans ses bras, l'embrasse longuement, et file avec elle en la tenant par la main vers l'arrêt de tramway en face de la préfecture.

*

* *

— Non, maman, je n'ai vraiment pas pu déjeuner avec toi hier midi, ce n'était pas de la mauvaise volonté, j'avais du travail en retard à mon bureau.

Mme Gaucher regarde sa fille comme on regarde quelqu'un qui n'est pas à un bobard près et l'inspecte des pieds jusqu'à la tête d'un œil perçant de faussaire ou de vigie de caravelle perdue en mer.

— Tu m'as l'air bien en forme en ce moment, épanouie même. Tant mieux ! Y aurait-il un bouleversement dans ta vie ? Dis-moi, qui est ce jeune homme qui était chez toi l'autre jour ? Il avait les clés de ton appartement...

— Il me rendait un service, il fallait que quelqu'un soit là pour ouvrir au plâtrier.

— Ne mens pas à ta mère ! Comment s'appelle-t-il ?

— Fabrice.

— Fabrice comment ?

— Saint-Fiacre.

— Cinq fiacres ?

— Comme un fiacre avec un saint devant. Et une particule.

Camille croit que sa mère va tomber à la renverse, elle se rappelle qu'elle est abonnée à *Vues et Images du Monde.*

— Mais c'est un nom noble, ça ! avec une particule...

... Il ne faut pas lui dire qu'il est chevalier, à cause de son angine de poitrine, l'année dernière, songe Camille.

Mme Gaucher essaie de camoufler son enthousiasme.

— C'est curieux ça, de s'appeler comme un fiacre !

— Fabrice m'a expliqué qu'on appelait les voitures à cheval qui servaient de taxi autrefois à Paris des fiacres parce qu'elles étaient stationnées place Saint-Fiacre, tout simplement, et que Fiacre est aussi un prénom.

... Il lui a dit tout ça, c'est qu'ils sont intimes, se dit Mme Gaucher. *En tout cas, Camille de Saint-Fiacre, ça en jetterait un peu plus dans le quartier que Camille Gaucher. Mais nous n'en sommes pas encore là...*

— Et... ses parents ?

... Alors là tu vas être déçue, pense Camille.

— Morts tous les deux, ne laissant que des dettes à leur fils.

... On ne peut pas tout avoir, se dit la mère.

— Travaille-t-il ?

— Non. Il n'a ni métier, ni formation, il n'a fait jusqu'ici que des petits boulots.

... Un bellâtre qui vit aux crochets des femmes, jouant sur son physique et sa particule, ça change tout, songe la mère ; *c'est évident ! que pourrait-il trouver d'autre à ma fille que son salaire de fonctionnaire ?*

— Il te quittera ! fais-moi confiance... ça ne durera pas. Tu ne lui as pas confié d'argent au moins ? Et d'ailleurs, comment l'as-tu rencontré ?

— Non, maman, je n'ai pas confié d'argent à Fabrice, répond Camille irritée. Et je l'ai rencontré chez des amis communs, ment-elle, des amis de Gaëlle.

— Ça m'étonnerait que des amis de Gaëlle fréquentent des aristocrates. Enfin ! tu as trente-cinq ans, tu n'es plus une gamine.

Chapitre X

Fabrice, quoique paresseux, est doué d'une qualité rare à notre époque d'égoïsme où chacun n'est préoccupé que par soi-même : il a le sens de l'autre. Peut-être cette qualité s'est-elle développée chez lui à la fréquentation de ses parents, de sa mère trop absorbée par une santé fragile pour se soucier de l'état de son fils ; de son père, hobereau déchu et égocentrique notoire, qui voyait l'essentiel dans les superfétations ou les convenances décoratives, et qui pensait même en passant *ad patres* lui léguer ce qu'il n'avait pas pu vendre, son nom et son titre, alors qu'il ne faisait que les lui transmettre.

Cette qualité, qui permet à ceux que l'on en fait bénéficier de se rendre compte qu'ils existent et qu'ils ne sont pas indifférents aux yeux de tous,

Camille la découvre progressivement chez Fabrice ; elle se rend compte que, liée aux plaisirs de l'amour, elle façonne un bonheur dont elle n'a jamais cru qu'il était possible, du moins pour elle.

Bien entendu elle est amoureuse, comme on peut l'être quand on se dit que l'on n'a rien à perdre, qu'il faut prendre l'aubaine comme elle se présente, cadeau inespéré de la Providence.

Certes, Camille n'est pas la première femme que Fabrice rencontre et on serait en droit de se demander pourquoi il n'a pas couvert les autres d'attentions sincères comme il le fait avec Camille. C'est que, jusqu'ici, il n'a daigné s'intéresser qu'à de très jolies femmes, dont la beauté était souvent une force qu'elles connaissaient bien et dont elles cherchaient à tirer profit, surtout les plus vénales, tandis que, chez Camille, Fabrice reconnaît une vulnérabilité mêlée de volonté qui le touche.

Camille est heureuse, ça se voit, et Fabrice se dit que l'ignoble machination dans laquelle Vladimir les a précipités tous les deux pourrait bien se transformer en cadeau involontaire car, si l'on convient qu'il y a des cadeaux empoisonnés, pourquoi n'y aurait-il pas à l'inverse des châtiments délicieux ?

*

* *

Gaëlle a eu la chance d'avoir un tram tout de suite, à peine sortie de la gare, devant le jardin des Plantes. Comme il est bondé, elle reste près de la porte, debout avec son sac de voyage. Le tram passe la station Duchesse-Anne, file vers la place du Bouffay. Gaëlle redécouvre avec ravissement sa ville natale ; elle ne s'est pas trop faite à la vie parisienne, aux quartiers sales et aux gens peu aimables, selon elle.

Le tram s'arrête à un feu, à l'intersection de la rue de Strasbourg qui jette son flot de voitures vers le sud Loire, vers des banlieues plus tranquilles. La ville va être bientôt paralysée, on est à l'heure de la sortie des bureaux. Le crachin nantais vient de faire son apparition, Gaëlle est rassurée, elle est bien rentrée chez elle...

La jeune femme descend place du Commerce, gagne rapidement la rue de la Fosse et s'engouffre dans le passage Pommeraye très fréquenté avant la fermeture des magasins. Elle quitte le passage par la rue Santeuil, prend tout de suite à droite et, sitôt la petite rue Rameau remontée, entre dans l'immeuble de Camille, rue de Suffren.

Il y a de la lumière sous la porte, elle sonne et cherche dans son sac le cadeau qu'elle lui a rapporté de Paris, une boîte de chocolats de chez Fauchon.

Gaëlle ouvre le bec, se demande si elle ne s'est pas trompée d'étage, regarde le nom sous la sonnette. Elle remise son cadeau dans son sac et se décide à parler.

— Je m'appelle Gaëlle, je suis la meilleure amie de Camille ; j'arrive de Paris et je passais voir si elle était rentrée du bureau, pour lui faire la surprise.

Fabrice ouvre plus grand la porte, l'invite à entrer, la débarrasse de son sac. Elle le regarde sans rien dire ; son étonnement amuse beaucoup le jeune homme.

— Camille ne va pas tarder. Elle m'a dit qu'elle ferait quelques courses à Monoprix. Voulez-vous l'attendre ? Je m'appelle Fabrice.

— Ah...

— Et vous vous demandez sans doute qui je suis et ce que je fais ici ?

— En effet...

— Camille ne vous a pas parlé de moi ?

— Non. C'est-à-dire que je ne l'ai appelée qu'une fois ou deux, de mon stage, pour lui dire que tout allait bien.

— Voulez-vous vous asseoir ? demande Fabrice qui fait durer son amusement à savourer le grand étonnement de la jeune femme.

— Non, merci, dit-elle avec une certaine gêne. Je crois que je repasserai plus tard. Ou non, j'appellerai Camille.

— C'est dommage, je suis sûr qu'elle sera déçue que vous ne l'ayez pas attendue. Elle m'a beaucoup parlé de vous.

— Ah bon ?

Qu'est-ce qu'il est beau, songe-t-elle...

— Mais je ne me suis pas présenté : je suis le fiancé de Camille, j'habite chez elle, en attendant que nous trouvions plus grand.

Gaëlle, qui s'est presque enfuie de l'appartement en y laissant son sac, remonte la rue Boileau après avoir jeté un coup d'œil dans le bureau de tabac, et file d'un pas pressé vers la rue du Calvaire et son Monoprix. A cette heure-ci il y a la queue aux caisses, si elle ne rencontre pas Camille sur le trajet...

Mais la voici, Camille, les bras chargés de sacs plastiques, à la sortie du grand magasin.

Gaëlle la prend par le coude et la fait entrer presque de force dans un petit bistrot à turfistes envahi par la fumée de tabac.

— Je viens de chez toi, je l'ai vu ! c'est fou... Qu'est-ce qu'il est beau ! Où l'as-tu rencontré ? Pas dans une boîte de nuit, j'espère...

— Non, pas vraiment.

Au bar, deux joueurs de 421, distraction qui se pratique avec un jeu de dés et plusieurs verres de Ricard, regardent ces jeunes femmes qu'ils n'ont jamais vues ici auparavant, déploient un sourire, sans succès.

— Ton séjour à Paris s'est bien passé ?

— Pas trop mal. Mais parle-moi de lui, comment l'as-tu rencontré ? Est-il célibataire ?

— Oui. je l'ai rencontré chez moi. En fait, je l'ai gagné à un jeu – tu sais que je joue beaucoup. Donc un soir je découvre sur Internet un jeu réservé aux femmes dont le gros lot, tiens-toi bien, était un homme. Bon, je remplis mon inscription, paye les frais, et j'attends. j'ai eu de la chance, mon nom a été tiré au sort, et c'est comme ça que j'ai gagné Fabrice. Un soir, il s'est présenté à mon appartement avec une lettre de félicitations, s'est installé chez moi, me déclarant qu'il était désormais à mon service, que je pouvais faire de lui ce que je voulais, puisque je l'avais gagné.

Gaëlle regarde son amie d'un air de reproche particulièrement sévère.

— Non, je plaisante. J'ai rencontré Fabrice à une terrasse de café. Je suis désolée, c'est banal mais c'est comme ça.

Chapitre XI

Il n'y a pas de routine quand on est heureux, il n'y a que de l'impatience. L'impatience d'être au soir, avec l'agacement des heures qui ne passent pas assez vite, pour faire à peu près la même chose que l'on a faite hier, si possible mieux, en espérant que ça recommencera demain, ainsi que tous les autres jours à venir.

Camille regarde avec ennui ce type qui s'est fait refiler un certificat d'immatriculation volé et lui indique à quel commissariat il doit se rendre. Elle regarde l'horloge de son bureau, il n'est que neuf heures du matin...

Depuis quelque temps, curieusement, ses collègues de travail, hommes et femmes, la regardent autrement, comme avec un mélange de respect et de perplexité. Il faut dire que la nouvelle s'est répandue dans toute la préfecture, où les temps de pauses sont fort longs, et que cette nouvelle est maintenant crue par tous puisque plusieurs témoignages l'ont confirmée : Camille Gaucher sort avec un jeune homme dont on n'en connaît pas de plus beau dans cette agglomération de près d'un demi-million d'habitants. Quels charmes cachés, quelles qualités hors du commun peut-elle bien avoir pour parvenir à un tel prodige ? En plus, aux dires de plusieurs femmes, il a l'air très amoureux d'elle. Du coup cet étrange phénomène a redonné le moral à un certain nombre de vieilles filles peu amènes qui se disent que tout est possible – la preuve – et que ce qui arrive à cette fille pourrait leur arriver à elles car, ainsi qu'elles se le confirment mutuellement, elles sont largement aussi jolies que Camille.

Camille est sur un nuage, mais il faut s'en méfier des nuages, car lorsqu'ils se transforment en averses, ceux qui sont dessus ont de grandes chances de se casser la figure. Voilà un enseignement qu'elle n'a pas demandé mais que sa mère vient tout de même de lui servir au téléphone, c'est son devoir.

Pendant ce temps Fabrice, qui a tout de même de l'amour-propre hérité d'une éducation stricte quoique socialement peu efficace, téléphone de chez Camille à la directrice d'une école pour la formation d'hôtesses d'accueil, place Graslin près du théâtre. La directrice a fait savoir par une annonce qu'elle cherchait un professeur pour les titres universitaires de qui on ne serait pas regardant, mais dont on exigerait en revanche qu'il fût capable d'enseigner à ces demoiselles l'art de se tenir en société, de s'exprimer plaisamment, de marcher avec grâce, afin de leur ôter définitivement l'immonde menace qu'est aux femmes la vulgarité.

La directrice, impressionnée par le patronyme de Fabrice, et faut-il le dire aussi par la photo d'identité, vient de lui écrire. Se rendant compte au téléphone qu'il s'exprime fort correctement, avec un joli timbre, voilà maintenant qu'elle souhaite le convoquer.

*

* *

Non, elle n'est pas ravie, Camille. Imaginez votre fiancé, le plus bel homme de la ville faut-il le rappeler, devant une trentaine de filles entre dix-huit et vingt-cinq ans, en échec scolaire mais toutes aussi ravissantes les unes que les autres, plusieurs heures par semaine, plusieurs semaines par mois, jusqu'en juin. Certaines feront exprès de redoubler, il n'y aura pas de poursuites pour harcèlement sexuel.

— Tu as raison, ma chérie, dit Fabrice. D'ailleurs, dans « professeur » il y a « fesse ». Comme « pro » signifie « en avant », un professeur est donc quelqu'un qui pousse les fesses devant soi.

Camille ne peut s'empêcher de sourire ; l'humour dédramatise tout. De plus elle est joueuse, et ce jeu-là est d'un bien grand risque. *Ce que j'ai obtenu par le jeu, je pourrais le perdre de la même manière...* songe-t-elle.

— Si je voulais te tromper, crois-tu que j'aurais besoin qu'on me fournisse un bataillon de petites gonzesses sans doute naïves et ingénues ? Des jolies filles, il y en a plein les rues. Pendant le temps que tu passes à ton bureau, il me suffirait de traîner une heure ou deux dans un café, ou même n'importe où, et en ramener une avec moi.

— Qui me dit que tu ne l'as pas fait ?

— Les Serbes.

— Ah ! je commençais à les oublier, ceux-là.

— Pas moi. La fidélité fait partie de mon contrat avec Vladimir, j'appartiens à celle qui m'a gagné, exclusivement.

Camille regarde par la fenêtre la pluie qui recommence, comme pour accompagner la tristesse qui vient de l'envahir ; si les Serbes n'étaient pas là, qu'adviendrait-il de leur liaison ?

— Mais il y a une seconde chose qui devrait te convaincre que je ne l'ai pas fait, lui dit Fabrice d'un ton très doux, c'est que je t'aime.

Chapitre XII

Fabrice entre au Molière, café snob de la place Graslin, le plus proche de son école. Dans son porte-documents, une interrogation écrite, deux pages de QCM par fille, soit au total trente feuilles recto-verso à corriger pour demain. Il est fatigué et cette manie qu'a la directrice de l'appeler « mon petit Fabrice » commence à l'exaspérer ; un jour qu'il en aura par-dessus la tête, il l'appellera « ma grande Jeanne ».

Voilà six mois qu'il a réussi à convaincre Camille de lui laisser sa chance. Il commande une bière et repense à cette soirée, quand il lui avait parlé de sa « vocation » de professeur de bonnes manières. L'école est à deux cents mètres de l'appartement, le salaire est convenable, le boulot peu fatigant, à part les interrogations écrites. Et puis c'est tout de même mieux que de décharger des caisses sur les quais de la gare, quand on n'a pas de bagage il faut souvent porter ceux des autres...

Fabrice commande un second demi, il n'est que cinq heures, il a le temps. Dehors un car vient de s'arrêter devant les marches du théâtre, des musiciens sortent avec leurs instruments ; ce soir, à l'opéra Graslin, on donne *Nabucco* de Verdi. Fabrice songe à son père... au jour où l'huissier est venu saisir tous les disques du vieux mélomane, des Decca, des coffrets Deutsche Grammophon, toute une collection de baroques, de classiques, de romantiques et de musique contemporaine, la joie la plus précieuse du vieil homme. Fabrice se dit qu'il est bien facile de perdre ce à quoi on tient le plus, il suffit d'ouvrir les mains.

Le bruit d'un journal dont les pages sont déployées d'un coup sec sur la petite table à côté de la sienne le tire de sa rêverie. Il jette un œil au perturbateur qu'il semble vaguement reconnaître, puis au titre du journal, en cyrillique.

L'homme le regarde, examine sa tenue sobre et élégante, observe le cartable, éclate de rire.

— Dobre ! Fabrice ! Que tu es beau, mon garçon ! Tu as fait un jeu, toi aussi ? Tu as gagné une garde-robe ?

Fabrice ne répond pas. Petit à petit il s'est accommodé tant bien que mal de son existence sous l'épée de Damoclès accrochée par Vladimir, en résidence surveillée comme dit Camille, perdant l'habitude de regarder derrière soi, oubliant les Serbes comme on tâche d'oublier une maladie avec laquelle il faut bien vivre.

— Mais tu en fais une tête ! Ta petite femme te trompe ? Veux-tu que j'aille lui tirer les oreilles ? Allez, offre-moi un demi, puisque te voilà habillé comme un tsar.

Fabrice, que l'attitude du Serbe rend perplexe, inquiet même, appelle un serveur.

Le Slave, goguenard, vient s'installer en face de lui.

— Alors, tu es encore à Nantes, et je vois que ça te réussit. J'étais pourtant sûr que tu rentrerais à Paris.

Fabrice ouvre grands les yeux, et la bouche, d'étonnement.

— Comment ça, à Paris ? Mais vous le sauriez puisque vous me surveillez ; je suppose que Vladimir…

Le Serbe rigole à gêner Fabrice, tout le monde les regarde.

— Te surveiller ? Tu crois qu'on a que ça à foutre de nos journées ? Ça fait au moins trois mois que plus personne te surveille, mon petit, on a d'autres chats à fouetter comme disent les Français. Tu te crois le centre du monde ?

— Mais... Vladimir...

— Il est mort, Vladimir, il y a près de quatre mois. Nous, pour qu'on te surveille, il faut nous payer. Avec la disparition de Vladimir, nos engagements ne tiennent plus, et tout le monde se moque bien de ton sort...

— Comment est-il mort ? demande Fabrice qui se sent envahir d'une immense joie.

— Chez les Ouzbeks, il a sauté sur une mine. Il paraît qu'il vendait du matériel militaire russe en Afghanistan. Sacré Vladimir ! Ce sont les risques de notre dur métier. Mais tu dois être content si tu ne le savais pas ! Te voila délivré. Tu devrais même, pour arroser ça, nous offrir une bouteille de vodka, de la polonaise, hein ? pas de la russe !

Fabrice descend la rue Crébillon en cherchant désespérément sa montre dans son cartable. Il doit être au moins huit heures ; il n'a pas les yeux en face des réalités, puisqu'il commence à être saoul comme un Polonais.

Mais comme il exulte ! Comme il savoure cette délivrance ! Désormais tout ce qu'il regarde, malgré sa vision affectée par la vodka, revêt un aspect nouveau, celui de la liberté. Il se demande si les gens qui sortent d'un long séjour en prison, ou dans un hôpital, ressentent la même chose. Il faut qu'il mange avec ce qu'il a bu ! Il y a, place du Commerce, un *fast-food*. Fabrice fouille dans ses poches, espérant trouver un peu de monnaie pour s'acheter un hamburger.

*

* *

Camille vient de quitter le cabinet de son gynécologue. Il est un peu tard pour faire des courses, et surtout elle n'a guère envie d'aller faire la queue au Monoprix. Elle a plutôt envie de voir Fabrice le plus vite possible pour lui annoncer la bonne nouvelle. Il est dix-huit heures trente, il doit être rentré de son école depuis longtemps. Comment va-t-il prendre la chose ? Bien, il faudra bien. Il rêve d'avoir un enfant, il lui a dit, un jour qu'il lui parlait de son père.

Camille tourne en rond dans son appartement depuis bientôt une heure et demie, elle en a marre, elle a déjà bu trois kirs.

Juste aujourd'hui, juste ce jour-là ! pense-t-elle.

Ce retard est inhabituel, anormal, aucun message sur son répondeur, ça ne ressemble pas à Fabrice.

Camille, que l'alcool enhardit, téléphone à sa directrice, s'excuse de la déranger si tard, apprend qu'il a quitté son école à dix-sept heures avec un paquet de copies sous le bras à corriger pour demain matin.

Elle est définitivement inquiète ; et elle y pense bien sûr, elle pense aux Serbes... Mais pourquoi ?

D'autres possibilités prennent tournure dans son esprit. Est-il à roucouler chez une de ses étudiantes ? N'aurait-il pas téléphoné dans ce cas pour raconter un bobard, une réunion imprévue à son école...

Un accident ? sur deux cents mètres, c'est improbable.

Camille traverse la place du Commerce et marche dans la rue vers le

Louis XIII, comme ça, pour aller quelque part. Elle entre dans le café, constate qu'aucune de ses amies ne s'y trouve encore, s'avance vers le bar pour téléphoner chez elle, peut-être Fabrice vient-il de rentrer...

Mais au bar, occupé à vider un demi, il y a un gaillard qui la regarde faire en ricanant. Ce gaillard, à moitié ivre mais supportant bien l'alcool, c'est Dimitri que Fabrice a quitté tout à l'heure, il fera tous les bistros, jusqu'à ce qu'on le chasse, après il s'endormira là où il pourra.

— Alors, madame, tu cherches ton amoureux ? Il était avec moi au Molière tout à l'heure. Rassure-toi il ne doit pas être bien loin.

— Qui êtes-vous ? demande Camille interloquée.

— Dimitri ! un de ses vieux anges gardiens. Mais maintenant vous allez pouvoir faire la fête. Tu n'es pas au courant de la nouvelle ? Vladimir est mort. Il a dû t'en parler, de Vladimir ? Ton Fabrice est libre maintenant. Tu m'offres quelque chose ?

Camille a jeté un billet de cinq euros sur le comptoir et a renoncé à appeler chez elle. Elle marche maintenant sous le crachin poisseux du soir sans trop savoir où elle va. Son cœur bat très fort, elle a l'impression d'être vidée de son sang. C'est comme si elle ne reconnaissait plus, autour d'elle, ces magasins, ce trottoir, ces enseignes qu'elle voit pourtant presque chaque soir.

Son raisonnement a été instantané. Fabrice vient d'apprendre qu'il est désormais complètement libéré par la mort de Vladimir, et il ne rentre pas chez elle, chez eux. C'est assez clair…

Camille longe maintenant le château des ducs de Bretagne, elle va traverser l'avenue. Bien que le signal soit rouge pour les piétons elle s'engage tout de même. Une camionnette de location freine net, le conducteur a eu peur, baisse sa vitre pour regarder qui il a failli écraser :

« Pauvre conne ! »

Camille n'a pas entendu l'insulte, elle entre maintenant dans un square devant l'hôpital ; après, il y a la voie ferrée, puis la Loire. Le crachin s'est modifié en bruine que le vent d'ouest projette de biais sur les visages.

Pauvre idiote, comment as-tu pu t'imaginer ? Tu t'es caché la réalité, comme toujours. Comment as-tu pu croire…

Elle entend, malgré elle, les préceptes de sa mère qui lui faisaient hausser les épaules, avant :

« Quand on est sur un nuage il faut se méfier, s'il se transforme en averse, celle qui est dessus risque bien de se casser la figure. »

Et :

« Il en veut à ton argent, bien sûr. »

A quoi d'autre pourrait-il bien en vouloir, chère maman pleine de tact ? Mais tu avais raison. Ceux qui ne voient rien son condamnés à se foutre la figure dans le mur, c'est simple, c'est physique.

Chapitre XIII

Elle songe à son père, puis à l'enfant qu'elle porte.

Mais ce n'est pas un enfant, pense-t-elle, *juste un embryon, comme mon amour, c'est un embryon lui aussi, une fausse-couche.*

« Ta mère aurait quand même pu pousser jusqu'au 15, disait son père à propos de la naissance de Camille. »

Peut-être même aurait-il mieux valu qu'elle n'ait rien à pousser, sa mère. Camille se surprend à rire maintenant, comme rient ces désespérés qui, contemplant la masse exorbitante des échecs de leur existence et la fragilité des armes qu'ils avaient pour se défendre, baissent les bras, n'avancent plus, refusent de poursuivre la lutte inégale.

Elle se rappelle cette première sortie avec Fabrice, gênée de marcher à ses côtés sous les regards insistants et surpris des femmes ; la place Royale, où elle lui avait montré l'allégorie de la Loire et de ses affluents. La Loire, elle est sous elle à présent, charrie un flot jaunâtre avec la marée montante, entre dans la ville avec une ardeur d'amant. Camille ferme les yeux, sent l'air du large envahir son corps, songe au vers de Baudelaire qu'elle n'avait pas su expliquer, autrefois, à l'oral du bac : *Homme libre toujours tu chériras la mer.*

Elle le comprend maintenant, se penche en avant, prise d'une envie de vomir ; le passage de la Loire montante, avec ses tourbillons, sa profondeur noirâtre, lui donne le vertige. Des larmes coulent sur ses joues et elle va baisser les bras, Camille-camomille, en songeant à son père...

Une main vigoureuse vient de l'empoigner par l'épaule et la tire en arrière, Camille s'est évanouie.

Le Serbe compose sur son portable le numéro d'une compagnie de taxis.

*

* *

« Quand j'ai vu la demoiselle sortir comme ça du café, je me suis dit que quelque chose n'allait pas. Je suis sorti derrière elle et je l'ai suivie, pour voir. Elle a d'abord failli se faire écraser en traversant l'avenue, alors je me suis dit *Dimitri, cette fille-là n'est pas dans son état normal, elle va faire une connerie.* Et quand je l'ai vue s'arrêter en haut du pont, j'ai compris qu'il fallait que j'intervienne. »

Dimitri, regardant Fabrice serrer Camille dans ses bras, quitte l'appartement à reculons, discrètement, après une phrase de politesse. Fabrice, qui a passé un long moment sous la douche, a retrouvé ses esprits ; il avalait deux cachets d'aspirine quand Dimitri a sonné. Camille ne dit rien, elle se repose dans les bras de Fabrice, tente d'oublier son désespoir.

Chapitre XIV

— Mais oui ! je te dis que Marianne l'a vu au McDo complètement bourré et que pendant ce temps-là Camille le cherchait dans tous les bistrots. Elle est même venue ici, au Louis XIII, elle était dans tous ses états, complètement paniquée, c'est Jérôme, le serveur, qui me l'a dit ce midi.

— Mieux, dit Clotilde à Anne-Cécile, Camille n'était pas à son bureau aujourd'hui à la préfecture. Et Fabrice, ce matin, vers dix heures, sais-tu où il était ? Il n'était pas à son école, mais au Molière, l'air de n'avoir pas dormi de la nuit, il a demandé un verre d'eau avec son café pour boire de l'aspirine, Charlotte l'a vu, elle attendait son bus devant le théâtre ; d'ailleurs la voilà, elle te le confirmera.

— Ils se sont disputés, ça ne pouvait pas durer, ils n'étaient pas faits l'un pour l'autre, dit Charlotte en s'asseyant.

— Ça, tout le monde s'en était aperçu, confirme Anne-Cécile.

— Fabrice est beaucoup trop bien pour elle, dit Clotilde, il aura tout de même fini par s'en rendre compte, mais pas Camille, c'est ça le drame.

— C'est triste pour elle, quand même, remarque Charlotte.

— Il faut être réaliste, dit Anne-Cécile en haussant les épaules, et aveugle pour ne pas se rendre compte que leur liaison n'était qu'une erreur, un accident.

— C'est sûr qu'ils n'étaient pas très assortis, dit Clotilde en souriant.

— Et puis avec toutes les filles qui tournent autour de lui, Fabrice aura craqué, c'est évident. D'ailleurs la plupart sont plus jolies que Camille, dit Charlotte.

— Elles n'ont pas grand mal !

— Et toutes ces petites nanas dans son école devaient être amoureuses de lui...

— Tais-toi, la voilà ! dit Clotilde en saisissant le poignet d'Anne-Cécile.

Camille vient d'entrer au Louis XIII, a repéré ses copines et s'avance vers leur table.

— Elle est seule, bien sûr, susurre Clotilde.

— Tu as vu ses lunettes noires ? Elle a dû beaucoup pleurer, dit Charlotte.

Camille demande au serveur un jus de tomate, ôte ses lunettes, soupire. Les trois autres filles la regardent, l'inspectent, lui sourient.

— Comme vas-tu ma chérie ? Tu as l'air crevée…

— Je SUIS crevée, Clotilde. Je n'ai presque pas dormi de la nuit.

— Tu n'es pas malade au moins ? lui demande Anne-Cécile

— Non, juste un peu fatiguée, surmenée.

— Ah !… Tu n'as pas d'ennuis, j'espère ? Tu sais que nous sommes tes amies, que tu peux compter sur nous.

Elles attendent une réponse qui n'arrive pas.

— Enfin, lance Clotilde, si tu n'as pas dormi de la nuit, c'est qu'il y a une raison, quelque chose de grave. Il faut nous le dire ; comme dit Anne-Cécile nous sommes tes amies, il n'est pas bon de garder les choses pour soi, elles vous minent.

— Clotilde a raison, dit Charlotte. Parler à ses amis libère, et puis nous pouvons t'aider.

— M'aider ? Me libérer ? Mais de quoi ? interroge Camille qui se demande où elles veulent en venir.

— Eh bien, de tes soucis, dit Clotilde.

— Quels soucis ?

— Ceux qui t'ont empêché de dormir cette nuit, dit Charlotte avec un début d'agacement.

— Mais je n'ai pas de soucis, je vous dis que j'ai très peu dormi. D'ailleurs j'ai pris ma journée à la préfecture, pour me reposer.

Les trois filles la regardent, avides d'une explication.

— Vous voulez savoir ? Eh bien c'est simple, je suis enceinte, je l'ai annoncé hier soir à Fabrice et il m'a demandée en mariage. Ensuite, comme on n'avait pas fait de courses, vers onze heures on est allé se taper un plateau de fruits de mer à *La Cigale* et on a passé le reste de la nuit à discuter des modalités de la cérémonie. On s'est mis d'accord pour dans deux mois, histoire qu'on ne voie pas trop mon ventre à l'église. Vous viendrez, bien sûr ? Mais je suis bête, je pourrais tout de même vous offrir un pot pour arroser ça. Il faut que je me fasse à l'idée que je vais devenir madame de Saint-Fiacre, ça ne fait pas trop snob, à votre avis ?

Les trois filles écarquillent les yeux, interdites.

— Bon, dit Camille. Vous n'êtes pas obligées de répondre tout de suite. Qu'est-ce qu'il fait, le serveur ? Il faut que j'aille la chercher moi-même, la bouteille de champagne ?

*
* *

La directrice a d'abord reçu Fabrice fraîchement au téléphone, quand il lui a dit qu'il n'assurerait pas ses cours ce matin. Mais quand il lui a annoncé avoir appris hier soir qu'il allait être papa et qu'il allait se marier prochainement, elle est devenue plus conciliante et elle est allée apprendre la bonne nouvelle elle-même à ses trente élèves qui attendaient sagement leur professeur dans la classe, rien que pour voir leurs têtes, surtout celle des filles qui feraient mieux de travailler un peu plus au lieu de faire les yeux doux à leur professeur.

Chapitre XV

Camille, les poings sur les hanches, contemple l'énorme bric-à-brac qui encombre sa cave, l'amoncellement des lots gagnés du temps qu'elle faisait le dimanche à peu près tous les concours qu'elle trouvait. Dimitri a regardé chaque objet en détail, un à un ; il caresse sa moustache et sort de sa poche une liasse de billets.

— Je prends tout, dit-il, mais ça dépendra du prix.

— Garde tes sous, Dimitri, tu sais que je n'ai rien payé de tout ce qui est là.

— Mais pourquoi ? demande Dimitri qui n'a pas l'habitude qu'on lui fasse des cadeaux.

— Disons que c'est une façon de te remercier pour l'autre jour.

— Alors je vous donnerai un coup de main pour votre déménagement.

La maison que Camille et Fabrice viennent de louer, quai de Versailles, sur les bords de l'Erdre, entre la préfecture et l'université, est de plain-pied avec un jardinet, ancien boulingrin reconverti en pelouse et parterres de fleurs. C'était la maison d'un artisan, construite dans les années 30, à l'époque où ce quartier comportait un nombre important d'ateliers, de petites industries, de commerces. L'artisan est mort et ses enfants, après avoir rénové eux-mêmes la maison, l'ont mise en location dans une agence du centre ville. Maintenant ce sera la maison du bonheur, simple et à trois ; voilà ce que pense la jeune femme en caressant son ventre, elle vient de sentir l'enfant bouger pour la première fois.

*
* *

Camille est en congé, son occupation principale consiste à ranger sa maison, installer la chambre de son enfant, faire des courses et attendre

Fabrice. De temps à autre sa mère passe la voir, elle est à présent très satisfaite du mariage de sa fille et elle chante dans toutes les boutiques de son quartier que son gendre, non content d'être un aristocrate, est en plus chevalier.

« Ah bon ? lui a dit sa boulangère chez qui elle ne va plus désormais, donc Mlle Camille est devenue une chevalière, alors ? »

Le comportement de Mme Gaucher amuse beaucoup Fabrice qui « en rajoute » à chaque fois qu'il la voit, l'étourdissant de faits historiques, de distinctions, d'événements prestigieux auxquels sa famille aurait été mêlée, quitte à en inventer, et que sa belle-mère restituera à peu près à ses amies et aux commerçants amusés.

C'est qu'il est de bonne humeur, Fabrice. Ce qu'il est en train de construire n'est-il pas le contraire de ce qu'il a eu, lui ? Une famille où chacun se sentait seul parmi les autres... Pour la première fois de son existence Fabrice a le sentiment de ne plus être un, mais trois. Cette construction rétablira un ordre que sa propre famille avait laissé sombrer dans le gouffre de l'égoïsme et de l'indifférence.

« Avant, dit-il souvent à Camille, j'étais une fin de race, je n'avais que des ancêtres ; aujourd'hui, c'est moi qui fonde quelque chose, c'est moi l'ancêtre. »

Dimitri est aussi le bienvenu chez eux ; il a pris leur couple en sympathie. Le samedi matin, puisque Camille aime chiner, il les emmène au marché aux puces dont les brocanteurs le traitent avec une politesse craintive. Ensuite ils déjeunent dans un des nombreux petits restaurants du quartier de la place Viarme, Gaëlle les y rejoint parfois.

Justement, Camille ira la voir demain. Depuis qu'elle est mariée, Camille sent bien que Gaëlle, quoique très heureuse de cet événement, souffre encore plus qu'avant de la solitude des célibataires malgré eux. D'ailleurs elle préfère voir Camille seule, la voir en couple ravive son désir frustré, d'autant que l'envie de mettre au monde un enfant commence à la tenailler à son tour...

Demain matin, puisqu'on sera dimanche, Camille passera la chercher, elles iront boire un verre quelque part, discuter entre filles, comme avant.

*
* *

Que lui a-t-il pris ? Pourquoi l'a-t-elle ramené chez elle ? Tout simplement parce qu'elle était trop seule et qu'hier soir elle ne le supportait plus. Gaëlle regarde cet homme qui regarde les petits pois qu'il avale, et il parle, il parle sans s'arrêter avec cet accent du Sud qu'elle trouvait charmant hier et qui l'agace profondément aujourd'hui.

Quand elle est sortie de la gare après avoir acheté des cigarettes et qu'il l'a abordée sous prétexte d'apprendre quel tramway mène au centre ville, elle n'a pas fait trop attention à lui ; et puis il s'est mis à parler, sans marquer de pause, il ne l'a pas lâchée, comme on dit. Il lui a proposé un verre, pour la remercier, Gaëlle l'a accepté. Ensuite il l'a raccompagnée jusqu'à son appartement, elle l'a fait entrer, elle était fatiguée, elle avait envie de sentir la présence d'un homme chez elle, sa voix, son odeur, de lui abandonner son corps.

Ce matin elle s'est réveillée avant lui, l'a regardé, a ressenti une profonde nécessité de pleurer, ce qu'elle a fait, seule dans la salle de bains.

Elle lui a aussi préparé son petit déjeuner, vers dix heures, puis il lui a déclaré que son train pour Montpellier partait à quatorze heures et il s'est remis à parler, avec un tel débit qu'elle a dû renoncer très vite à l'écouter.

Avant qu'il ne parte pour la gare il a fallu qu'elle descende acheter quelques provisions pour le faire manger, occupation à laquelle il se livre actuellement sous le regard des deux jeunes femmes, Gaëlle qui ressent une espèce de honte, et Camille, gênée pour son amie, qui observe le garçon avaler ses petits pois et se demande comment il peut parler en même temps.

Camille n'est là que depuis dix minutes. Quand elle a vu ce garçon chez Gaëlle, elle a compris ; alors elle attend avec son amie que cette tête couronnée d'une bande de cheveux noirs en fer à cheval ait enfin terminé son repas et qu'il disparaisse. *Il devrait porter sa fourchette à sa bouche et non le contraire,* pense Camille. *Mais il n'a pas le temps, il faut qu'il parle... Quelle loghorrée ! quelle diarrhée verbale !*

Tout de même il se décide, inscrit sur son carnet le faux numéro de téléphone que Gaëlle vient de lui donner, regarde sa montre et prend congé en déversant une kyrielle de phrases sans intérêt.

Les deux jeunes femmes se regardent. Laquelle éclatera de rire la première ?

C'est Gaëlle...

« Que veux-tu, dit-elle, tout le monde ne peut pas avoir un Fabrice dans son lit. »

*

* *

Elles entrent dans un café de la rue de Strasbourg, tout près de la cathédrale, et s'installent au bar. Gaëlle tend la main vers une énorme coupe remplie de cacahuètes, Camille lui saisit le poignet.

— Ne fais pas ça !

— Pourquoi ?

Camille soupire, jette un œil à la clientèle du café.

— Tu vois, dit-elle, il y a au moins une quinzaine de types dans ce bistrot.

— Et alors, les cacahuètes ne leur sont pas réservées !

— Si, en quelque sorte, et c'est tant mieux. Je t'explique. Qu'est-ce qu'ils font, tous ces types ? Ils boivent de la bière, ou du Ricard, ou du vin. Bon. Bientôt ils iront pisser. J'ai lu un article à ce sujet dans une revue médicale : la plupart d'entre eux ne se laveront pas les mains ensuite, et l'article se basait sur une étude ayant décelé dans les cacahuètes des bistrots de très nombreuses traces d'urine... Je n'y peux rien, c'est comme ça.

— Toi, tu as vraiment décidé de me dégoûter définitivement des hommes...

SECONDE PARTIE

Chapitre premier

Camille regarde par la fenêtre les gens qui entrent écouter de la musique au café-concert, ancien bateau-lavoir transformé en *night-club* amarré le long du quai de Versailles sur les bords de l'Erdre. Le dimanche après-midi quelques groupes nantais viennent s'y entraîner et tester sur le public le résultat de leurs compositions.

L'enfant regarde sa mère, intriguée, et se remet à son apprentissage sur un petit vibraphone rudimentaire qu'elle a reçu pour son troisième anniversaire. On entend quelques notes de contrebasse, une boîte à rythme, un accord de piano électrique ; le concert du dimanche va commencer.

Fabrice, subjugué par les premières gammes de sa fille, la soulève dans ses bras et lui dit en souriant :

— Papa aime Élodie, et Élodie est mélodie.

— Non, répond la fillette, Élodie aime Papa.

Souvent, lors de pareilles scènes, et bien qu'elle essaie de l'éviter, Camille ne peut s'empêcher de se revoir, elle, enfant. Quoique les conditions n'aient pas été les mêmes, matériellement en tout cas, Camille éprouve une certaine nostalgie de ces moments de famille, lorsque tout allait à peu près ; elle garde en souvenir les instants de joie, avec son père surtout.

Maintenant qu'à son tour elle a une famille, ses différends avec sa mère se sont adoucis, elle supporte mieux son caractère. Du reste sa mère, très circonspecte au début de la relation de Camille avec Fabrice, admet aujourd'hui, avec le temps, que cette liaison n'a rien d'inconcevable et elle la juge même harmonieuse.

Les amies, ou prétendues telles, de la jeune femme ont fini aussi par convenir qu'on avait bien affaire à un couple, peut-être en décalage par rapports aux clichés des couples que l'on dit assortis selon les critères convenus de la séduction et des modèles en vigueur, mais un couple tout de même. Quant aux regards des gens, dans la rue, dans les endroits publics, Camille a fini par s'y habituer, on peut même dire qu'elle en ressent un certain plaisir de flatterie.

Seule Gaëlle n'a jamais douté, du moins elle ne l'a pas fait savoir et en tout cas elle ne s'est jamais montrée jalouse, c'est peut-être ce qui lui a valu de devenir la marraine d'Élodie. Toutes les histoires d'amour sont fragiles en dehors de celles des contes pour enfants, même les histoires qui paraissent les plus solides. On admettra cependant, à voir l'impeccable tranquillité de cet après-midi d'hiver, qu'aucune ombre au tableau, aucun grain de sable ne paraît susceptible d'y semer le trouble, sauf peut-être cet homme qui vient de sortir du café-concert et qui lève les yeux vers la fenêtre de leur living-room ; Camille l'a vu entrer tout à l'heure dans l'établissement, sans le remarquer, au milieu d'un groupe de boute-en-train. Pourquoi aurait-elle fait attention à lui du reste, puisqu'elle ne sait pas plus que son mari qu'il traîne depuis plusieurs jours sous leurs fenêtres, le plus discrètement qu'il peut et à différents moments de la journée et de la nuit ?

*
* *

C'est une de ces matinées hivernales comme on aimerait qu'elles ne cessent jamais. Le soleil enveloppe l'île de Versailles sans éblouir personne, avec une chaude et bienveillante discrétion. L'Erdre, dont François Ier disait sans doute avec un peu de complaisance qu'elle est la plus belle des rivières de France, s'ouvre pour embrasser l'île de Versailles et se referme sur sa proue avant de continuer sa route jusqu'à la Loire, souterrainement d'abord puis au grand jour dans le canal Saint-Félix.

Camille et Élodie viennent de franchir le torii, le portique obligatoire des jardins japonais comme celui de l'île de Versailles.

Ce jardin est une des plus belles réussites du Nantes contemporain, il apporte un peu de consolation à ceux qui viennent de la tour Bretagne, horreur bétonnée des années 70, ou du nouveau palais de justice, sombre catafalque que les Nantais appellent « la boîte noire », construit pour terroriser les justiciables. Camille se promène souvent dans l'île de Versailles avec sa fille, après le déjeuner, jusqu'à ce que

Gaëlle apparaisse et emmène Élodie afin que sa mère puisse partir à la préfecture.

Cet après-midi il fait froid, elles le passeront dans l'appartement à jouer, à lire des histoires. Fabrice rentrera à quatre heures, après son dernier cours.

Élodie aime beaucoup monter sur son coffre à jeux et regarder par la fenêtre les gens qui descendent du tramway, d'autant qu'à l'approche de Noël ils ont souvent les bras chargés de jouets que l'enfant tente d'identifier. Gaëlle en profite pour filer à la cuisine se faire un thé et fumer une cigarette.

— C'est encore lui, marraine !

— Lui ? Mais qui ça, ma chérie ?

— Le monsieur qui est toujours au jardin japonais quand j'y suis avec maman.

Gaëlle s'approche de la fenêtre et regarde à son tour. Élodie montre du doigt un homme debout à l'arrêt du tramway qu'il semble attendre.

— C'est peut-être quelqu'un du quartier, un voisin.

— Non ! parce que quand maman se lève pour qu'on parte du jardin, il nous suit jusqu'à la maison et puis il va vers le tram. L'après-midi, quand je regarde par la fenêtre, il est là ; et quand papa arrive il s'en va, après je ne sais pas s'il revient parce qu'il fait noir.

Gaëlle regarde par la fenêtre, le tram vient de quitter l'arrêt, l'homme est toujours là.

— Tu en as parlé à ta maman ?

— Non.

— Pourquoi ?

— Je ne sais pas...

— Tu as bien fait, c'est certainement quelqu'un du quartier qui s'ennuie un peu, qui traîne à droite à gauche. Tu sais ma chérie, il y a beaucoup de gens qui n'ont pas de travail en ce moment, ni d'argent pour aller au cinéma ou dans un café, alors ils essaient de passer leur journée comme ils peuvent.

Il est quatre heures dix, Élodie s'est endormie. Gaëlle tire discrètement le rideau et observe l'arrivée du tramway, Fabrice en descend tandis que l'homme au manteau beige, à la tenue très stricte, y monte.

*
* *

Gaëlle ne parvient pas à trouver le sommeil. Et si Élodie avait raison ? Si cet homme les surveillait ? Son comportement est tout de même troublant. Peut-être est-ce un dragueur qui s'intéresse aux femmes mariées ? Peut-être est-il pédophile ? Elle doit en parler à Camille et Fabrice, il faut les prévenir.

Mais s'il n'y a rien, si ce type se promène au jardin japonais aux mêmes heures qu'Élodie et sa mère, par hasard. Et s'il traîne à l'arrêt du tramway l'après-midi, peut-être attend-il le retour de quelqu'un ; ce n'est tout de même pas parce que la maison de Camille est située derrière l'arrêt que les gens qui attendent le tram viennent guetter ses habitants !

Que doit faire Gaëlle ?

L'idée lui vient en éteignant sa cigarette. Elle va en parler à Dimitri. Il est extrêmement disponible et Camille lui a signalé que ce n'était pas un enfant de chœur ; si ce type est mal intentionné, Dimitri s'en rendra compte certainement.

*

* *

Dimitri observe avec ses jumelles

l'homme au manteau beige qui vient de franchir le torii du jardin japonais. C'est clair, dès que Camille et sa fille se lèvent d'un banc il se lève aussi, les suit jusqu'à chez elles, après il téléphone de son portable. Il est là lorsque Fabrice rentre de ses cours, il est là quand Camille revient de la préfecture. Voilà trois jours que Dimitri est en planque, ce soir il passera voir Gaëlle pour lui faire part du bien-fondé de ses soupçons.

Chapitre II

Camille éprouve un insoutenable sentiment de déjà vu, de déjà ressenti, de cauchemar qui recommence. C'est que Fabrice n'est pas rentré depuis deux jours, qu'il n'a donné aucune nouvelle, pas plus qu'à la directrice de son école. Cependant, cette fois-ci, Camille n'a pas agi avec panique, parce qu'il y a Élodie qui termine actuellement son flan au caramel en feuilletant un album de Walt Disney et que tout à l'heure il faudra la coucher en ne laissant rien paraître d'une quelconque inquiétude.

Hier, elle s'est rendue au commissariat. On lui a indiqué qu'il existait en France un service entièrement consacré à la recherche des personnes disparues. Toutefois un fonctionnaire de police lui a précisé que l'on recensait en moyenne cinquante mille disparitions par an en France, dont quinze mille adultes, et qu'enfin 85 % de ces disparitions d'adultes étaient des disparitions volontaires. Lorsque le policier a observé la photo de Fabrice qu'elle venait de lui remettre et qu'il a aussitôt, et avec insistance, dévisagé Camille, il n'a pas eu besoin de parler pour qu'elle comprenne ce qu'il pensait. Pourtant elle sait qu'il se trompe, que Fabrice ne la quitterait pas de son gré, et qu'il ne supporte pas d'être privé d'Élodie plus de quelques heures.

*

* *

Une semaine, voilà une semaine que Fabrice est parti, ou qu'il a été enlevé. Mais qui, et pourquoi ? Dimitri ne lui a-t-il pas affirmé ce matin encore au téléphone qu'il ne croyait pas à une conséquence de sa compromission avec Vladimir, bien mort, et que l'homme qu'il soupçonnait d'avoir espionné Fabrice et qui a maintenant disparu n'était pas slave et inconnu du milieu nantais. Alors ? Et rien de nouveau du commissariat. Camille n'a pas raconté leur histoire aux policiers, parce que ça n'aurait servi à rien, ils ne l'auraient pas crue.

Elle songe avec un dépit amer à ce qu'elle répète sans cesse à sa fille : Papa est en voyage, pour ses affaires, il rentrera bientôt.

Et comme la première fois les choses sont allées bon train. Un train qui déverse dans chaque gare où il s'arrête sa rumeur, comme un bacille ou un virus contre la virulence duquel on est sans défenses... Une des élèves de Fabrice a indiqué à sa tante, hôtesse d'accueil à la préfecture, que la directrice de l'école, sans nouvelle de son professeur, avait engagé une remplaçante.

Les amies se sont manifestées, proposant leur sollicitude, heureuses de constater qu'elles ne s'étaient pas trompées, que tôt ou tard le couple se briserait comme une embarcation construite sans précautions. La mère de Camille s'y est mise aussi :

— Ma pauvre chérie, lui a-t-elle dit au téléphone, comme tu dois avoir du chagrin...

— Non maman, lui a répondu Camille ; le chagrin, c'est pour les enfants, ça ne dure pas.

Camille traverse les gens comme on traverserait une foule hostile qui s'ouvrirait à votre passage dans une ambiance d'extrême tension, sans regarder personne elle suit son chemin. Elle a l'impression de ne plus reconnaître ni amies ni collègues de bureau. Elle travaille, accomplit les gestes du quotidien, tient des propos habituels ou convenus dans un état de détachement et de distance qui la préserve du mal qu'on pourrait lui faire par des sarcasmes, une question indiscrète, un apitoiement, une fausse commisération. « Il paraît que votre mari est parti ? lui a demandé le chef de cabinet. Ce n'est pas bien chevaleresque… »

Les employées ont pouffé.

Chapitre III

— Ça ne peut pas durer, Dimitri, Camille m'inquiète.

— Et qu'est-ce que je peux faire ? Je t'ai déjà dit que personne dans mes relations n'a une idée de qui peut être le type qui surveillait Fabrice, ni pourquoi il le surveillait.

— Cherche encore. Tu l'as pris en photo, montre-là à tout le monde…

— C'est ce que j'ai fait…

— Alors continue !

Gaëlle allume une cigarette et compose le numéro de Camille. *Après tout ce n'est pas de sa faute,* se dit-elle avec le regret d'avoir été un peu sèche avec Dimitri, *il fait ce qu'il peut et il ne peut visiblement pas grand-chose.*

Ce soir, elle le consacrera à son

amie ; elle passera avant chez le Soussi de la rue Jean-Jacques-Rousseau à qui elle a commandé un couscous et une bouteille de gris. Élodie adore le couscous, pour peu qu'il ne soit pas trop relevé ni que la viande soit trop grasse.

*

* *

— Qu'est-ce qu'elle a l'air fier ! dit Clotilde.

— Avec ce qui lui arrive, tu penses si elle doit être vexée, dit Anne-Cécile.

— Enfin, il lui reste toujours sa fille, dit Charlotte.

— Justement, avec une gamine de trois ans, et quarante bientôt, elle n'est pas « prête » de trouver un mari.

— Il paraît qu'un huissier de la préfecture la couve des yeux, dit Clotilde, vous savez, le chauve, à l'entrée, qui est toujours courbé en deux.

— Il a au moins cinquante ans ! dit Charlotte.

— C'est toujours mieux que rien.

Camille, qui vient de descendre du tramway, entre dans une pharmacie après être rapidement passée devant le

Louis XIII ; sa fille tousse, il lui faut un sirop.

— Elle a ressorti son imperméable de vieille fille, avec son sac en bandoulière... quelle ringarde !

— Ça va, Clotilde ! dit Charlotte. Après ce qui vient de lui arriver, mets-toi un peu à sa place...

*

* *

Camille rentre chez elle, Gaëlle l'attendait en gardant sa fille et en surveillant le couscous qui mijote dans la cuisine. Elle embrasse sa fille sur le front, se rend compte qu'il n'est pas chaud, elle prendra tout de même sa température.

Au moment où elle s'apprête à arroser la semoule du jus des légumes, le portable de Gaëlle sonne.

— Excuse-moi, dit-elle, j'aurais dû le couper.

Gaëlle s'éloigne vers le balcon d'où la communication est meilleure. Puis elle fait un signe à Camille qui se lève à son tour, comprenant qu'Élodie ne doit pas entendre leurs paroles.

— Il est revenu. Oui, le type qui vous surveillait. Il traîne par ici, de temps en temps. Dimitri l'a vu. Il rappellera demain, il semble qu'il veuille entrer en contact avec lui, lui tirer les vers du nez.

*
* *

L'homme à l'élégant manteau brun tente d'allumer sa cigarette malgré la brise qui s'engouffre sur le quai, mais il n'en a pas le temps. Un coup de poing énorme s'est écrasé dans son dos et la main de Dimitri s'est violemment abattue sur sa nuque. Les trois hommes l'entraînent à présent vers la Mercedes du Slave dont le moteur tourne toujours.

Dans le salon de l'appartement de Gaëlle les deux femmes attendent depuis plus d'une heure. L'opération a-t-elle échoué ? Non, la porte s'ouvre précipitamment et les trois hommes forcent violemment leur victime à s'asseoir sur une chaise ; il n'y a pas longtemps qu'il a repris connaissance.

— Qui es-tu ? Pourquoi surveillais-tu Fabrice ? Où est-il ? gueule Dimitri, les lèvres contre l'oreille de l'interrogé.

L'homme ouvre les yeux, regarde

autour de lui, l'air effaré, et contre toute attente dans ce genre de situation et contre toute attente de ceux qui espèrent avec impatience ses réponses… il éclate en sanglots, comme un enfant qui a gardé trop longtemps pour soi un grave secret, ou une souffrance.

Dimitri, interloqué, peu habitué à une telle scène, regarde les deux femmes la bouche ouverte tandis que ses deux acolytes de Serbes attendent son ordre.

— Fiche le camp, Dimitri, laisse-nous ! ordonne Camille.

— Mais je ne peux pas !

— Si, tu peux. Laisse-nous avec lui.

Dimitri cherche dans le regard de Gaëlle l'approbation de cette demande.

— Je vais rester quelque temps en bas de l'immeuble, dit-il, au cas où. Appelez-moi sur mon portable.

Camille et Gaëlle regardent cet homme qui parle maintenant, qui déverse même les paroles comme tout à l'heure les sanglots. C'est qu'il en a marre, le gendarme Kleist. Marre de ces heures en planque, dans le froid, pour pas grand-chose, seul alors qu'ils auraient dû être deux fonctionnaires. Marre de s'être fait envoyer paître par sa hiérarchie quand il a demandé sa mutation pour se rapprocher de chez lui, de Strasbourg. Marre d'être pris pour un con. Marre d'avoir du mal à joindre les deux bouts sans même l'espoir d'une ridicule augmentation. D'ailleurs sa femme aussi en a eu marre, d'attendre son mari le soir sans savoir s'il rentrera, si elle n'ira pas le chercher à la morgue (voilà un argument qui fait pâlir Camille...), marre de son logement de fonction à la caserne, avec l'appartement de son chef en face. Alors elle l'a quitté.

Il ne supporte plus, le gendarme Kleist, le médecin lui a refusé un congé pour dépression, on manque d'effectifs. En plus il se fait casser la gueule, un bon coup de poing dans la colonne vertébrale, ça lui a rappelé la balle qu'a ramassée son copain de promotion l'an dernier en intervenant contre les braqueurs d'une banque à Joinville, les gilets pare-balles coûtent cher.

Il craque.

— Qu'est-ce que tu en penses ? demande Gaëlle non sans émotion.

— On a nos problèmes, lui il a

aussi les siens, comme beaucoup. Nous ne sommes pas seuls sur terre. Avant tout il faut qu'il se détende, sinon on n'en tirera rien. Tu peux dire à Dimitri de filer, il n'est plus utile de le faire attendre en bas de l'immeuble. Je pense aussi qu'un homme qui pleurniche parce que le lacet de son soulier est défait, c'est ridicule et pitoyable, mais un homme qui pleure parce qu'il a de bonnes raisons de le faire, c'est plutôt respectable et émouvant.

Chapitre IV

Ce que le gendarme Kleist ignore, puisqu'il n'est qu'un subalterne auquel on a ordonné de consigner rigoureusement l'emploi du temps de Fabrice et de sa femme ainsi que les endroits précis où ils se rendent, ce sont les motifs de cette surveillance.

Il ignore que bien loin de Strasbourg, dans une ville de tous les trafics nommée Peshawar, au Pakistan, un agent de la CIA a acheté par hasard au marché un ordinateur portable d'occasion, et qu'il a découvert par la suite qu'il s'agissait d'un matériel ayant appartenu à Vladimir Zadkine, ex-trafiquant d'armes et de drogue abattu par ses services en Ouzbékistan. Dans le disque dur il a trouvé les noms de complices connus de la CIA ou inconnus, comme celui de Fabrice. Aussi les supérieurs de l'agent ont-ils demandé à leurs homologues français de rechercher en France la trace de cet homme dont le patronyme leur semblait français, à côté du nom de qui Vladimir avait écrit : Passeports, Budapest, Paris.

Il dit ce qu'il sait, son travail de surveillance devait durer jusqu'à ce qu'on lui ordonne de l'arrêter, c'est-à-dire dès que l'on aura jugé que les renseignements qu'il a collectés sont suffisants, ce qui lui a été signifié voici un peu plus d'une semaine. Non, il n'est pas revenu traîner dans le coin sur ordre, mais pour un motif personnel, le quartier lui plaît et il venait s'enquérir du prix des locations, ne supportant plus de loger à la caserne depuis que sa femme l'a quitté.

Il est maintenant remis de ses émotions – c'est un militaire – et indique aux deux femmes qu'il vient d'être victime d'un enlèvement avec coups et séquestration, et que s'il rapporte ces faits à sa hiérarchie, il pourrait en coûter gros à ces deux femmes ainsi qu'aux Serbes. Cependant il comprend l'inquiétude de Camille dont le mari a disparu et il n'en fera rien ; d'autant qu'il n'a plus envie de faire du zèle, déçu qu'il est de la gendarmerie, de l'armée, de tout.

Camille le prie de les excuser pour ce qu'il vient de subir et, peu avancée, file attendre son tramway qui l'emmènera chez sa mère récupérer Élodie. Gaëlle, confuse et pleine de commisération pour le gendarme Kleist, lui propose de se reposer un peu sur son canapé après qu'elle lui aura servi un verre de ce qu'il voudra.

*
* *

Élodie est très triste ce soir. Elle feuillette un antique *keepsake* que son père lui a offert, rare héritage ayant appartenu à une arrière-grand-mère (environ dix euros chez le brocanteur). Elle essaie de ne rien laisser paraître de sa tristesse à propos de laquelle sa mère l'interroge.

« Ton papa, il est parti parce que ta maman est trop laide, il ne reviendra jamais. »

Voilà ce qu'une petite fille – dont la mère travaille à la préfecture – avec qui Élodie voulait jouer, lui a confié pendant le goûter à la petite école du quartier, cours des Cinquante-Otages.

Camille ne dit rien, elle allume une cigarette ; le téléphone sonne, elle n'a pas envie de répondre.

Le téléphone sonne pour la quatrième fois depuis une demi-heure. N'a-t-on pas compris qu'elle désirait rester seule ?

Gaëlle ? Dimitri ? Sa mère ? Oui, c'est ça, sa mère, la personne la plus opiniâtre et la plus insistante qu'elle connaisse. Résignée, Camille s'apprête à décrocher le combiné, sinon dans une heure au plus sa mère sera là, affolée, demandant des explications.

Chapitre V

Camille vient de fermer son bureau, elle a tout juste le temps de filer en tramway jusqu'à la gare et d'attraper son TGV. Elle téléphonera dans le train à sa mère pour s'assurer qu'Élodie va bien.

L'homme, au téléphone, a été très précis hier soir : qu'elle se trouve à Montparnasse à vingt heures, on l'y attendra, on lui donnera des nouvelles de son mari.

Heureusement, à cette heure du dîner les quais de Montparnasse ne sont pas trop encombrés ; le train a six minutes de retard, Camille accélère le pas. Sitôt qu'elle a dépassé la locomotive de tête, elle remarque un homme en complet gris ciel qui présente dans ses mains un panneau plastifié sur lequel le nom de Camille est écrit.

— Vous n'avez pas de bagages ?
— Non.
— Alors suivez-moi, ma voiture n'est pas loin, rue de Rennes.

Camille ramasse ce vent du soir, beaucoup plus frais qu'à Nantes, qui tournoie entre la gare et la tour Montparnasse, en plein visage ; il la sort définitivement de l'engourdissement tiède des voitures du TGV.

Une Peugeot noire est stationnée à l'entrée d'un arrêt de bus, une aubergine en recopie soigneusement l'immatriculation sur son carnet à souches ; l'homme que suit Camille s'approche d'elle, tire de sa poche un document qu'il lui montre, l'aubergine salue, s'excuse, disparaît.

Camille regarde filer de longs cortèges d'immeubles lourds et sales entourés de lumières électriques qui n'arrivent pas à les sortir de la pesante noirceur d'un ciel chargé de cumulus. L'homme, au volant, roule vite et n'est pas bavard ; Camille n'a d'ailleurs pas envie de lui faire la conversation puisqu'ainsi qu'il le lui a dit il n'est là que pour la conduire.

La voiture entre dans le parking souterrain d'un immeuble vieillot dont la plupart des fenêtres sont éclairées bien qu'il ne semble pas s'agir d'un immeuble d'habitation.

Après avoir garé la Peugeot, l'homme invite Camille à le suivre dans un dédale de couloirs jusqu'à un ascenseur. Enfin la voilà dans ce qui lui paraît ressembler fort à un service administratif. L'homme introduit Camille dans un bureau, et prend congé.

Camille, debout, observe en face d'elle deux hommes dans la force de l'âge, bien vêtus, qui l'invitent à s'asseoir.

— Où est mon mari ?

— Soyez sans inquiétude, il va bien, il est correctement traité, toutefois nous avons encore besoin de lui ; il faut que vous soyez patiente.

— Alors pourquoi m'avoir fait venir jusqu'ici si je ne peux pas le voir ?

— Parce que nous avons un certain nombre de questions à vous poser, et que des réponses que vous nous fournirez dépendra la durée qu'il vous faudra attendre pour revoir votre mari.

Un seul des deux hommes a parlé jusqu'ici, le plus grand ; l'autre se lève et demande à son collègue :

— Je peux ?

— Allez-y.

Il quitte le bureau et reparaît au bout de quelques secondes accompagné d'une femme. Elle s'approche de Camille en souriant, lui tend la main.

— Je suis le juge Françoise Flamion, lui dit-elle, juge anti-terroriste du parquet de Paris.

— Au fait, madame le juge, dit le plus grand des deux hommes, avez-vous reçu le rapport de gendarmerie que je vous ai fait parvenir ?

— Oui, capitaine.

Elle s'assied dans un fauteuil, devant un lourd bureau chargé de documents, Camille s'assied à son tour. Un des deux hommes s'adresse à elle :

— Je suis le capitaine Bondy, voici le lieutenant Vérignaux. Maintenant que nous sommes présentés, je laisse madame le juge vous poser quelques questions. Auparavant, désirez-vous quelque chose, un en-cas ? Une tasse de café ?

— Merci, j'ai mangé dans le train, répond Camille. Je veux bien un verre d'eau.

Le juge tire de son porte-documents quelques procès-verbaux d'interrogatoires et chausse ses lunettes.

— Comment, quand, et dans quelles circonstances avez-vous rencontré votre mari, madame de Saint-Fiacre ?

Camille s'attendait à une question de ce type ; pendant tout son voyage dans le train, elle a réfléchi à ce qu'elle y répondrait. Comme l'enjeu c'est Fabrice, et que ces gens-là n'ont pas l'air d'être des imbéciles, elle a décidé de dire, de décrire tout, même le plus incongru, le plus difficile à croire et à confier.

— Ça risque d'être un peu long...

— Nous avons le temps, madame.

Alors elle parle, Camille, le plus clairement et le plus posément qu'elle peut. Elle raconte le jeu sur Internet, en observant le visage du juge qui ne bronche pas, le contrat de Vladimir, le parcours à l'Est tel qu'elle se rappelle ce que Fabrice lui en a dit. Puis l'annonce de la disparition de Vladimir rendant cet absurde contrat caduc, son mariage...

Lorsqu'elle estime son récit suffisant et complet, elle se tait, Camille, et elle attend. On ne l'a pas interrompue.

Soudain, puisqu'elle n'a pas fait

attention au temps qui passe, elle regarde sa montre : il est dix heures, le dernier TGV pour Nantes quitte Paris à onze heures, elle en fait part au juge.

— Ne vous inquiétez pas, on vous a réservé un hôtel non loin d'ici, on vous y conduira tout à l'heure.

— Mais, s'affole Camille, je dois reprendre mon service demain à la préfecture ! Si je ne suis pas là, mon chef de service, qui ne m'aime pas beaucoup, avertira le chef de cabinet qui est un de ses amis. Vous savez ce que c'est qu'un abandon de poste ?

— Ce n'est que ça ? dit le capitaine amusé, ne vous inquiétez donc pas, je passerai demain matin un coup de fil au chef de cabinet, du ministre celui-là, il arrangera ça.

*

* *

Camille est seule dans le bureau, elle fume une cigarette après avoir bu un verre d'eau minérale.

Dans le bureau d'à côté le capitaine Bondy allume une cigarette, lui aussi.

— Qu'en pensez-vous ?

— Ça semble coller, madame le juge. Le jeu Internet monté par Zadkine dont on a trouvé la trace dans le disque dur de son portable, à Peshawar, est assez correctement décrit par cette jeune femme. Le rapport de gendarmerie indique une vie de famille provinciale qui ne ressemble pas à une couverture. Je la crois de bonne foi.

— Et amoureuse, en plus, dit le lieutenant.

— Et son mari, demande le juge, où en est-on ?

— Il a reconnu sur des photos qu'on lui a présentées les deux types qui accompagnaient Vladimir Zadkine quand ils le séquestraient dans un appartement du 18e. On les a interpellés, Saint-Fiacre les a identifiés, ils racontent qu'ils ont exécuté les ordres de Zadkine, que Saint-Fiacre n'est pas leur complice, qu'il ne fait pas partie de la bande. Ce sont de petits trafiquants, mais il semble qu'ils en connaissent de plus gros, là-bas, en Russie. On les tient au chaud pour l'instant.

— Parfait ! Et les Serbes nantais ?

— Des sous-traitants, du menu fretin, pas des clients pour nous.

Chapitre VI

« Certainement, monsieur le chef de cabinet. Je comprends, monsieur le chef de cabinet. Merci, monsieur le chef de cabinet. »

Le chef de cabinet, non pas du ministre – comme celui qui vient de l'appeler – mais du préfet des Pays-de-la Loire, est estomaqué. On convoque à Paris une de ses employées, sans passer par la voie hiérarchique, et le chef de cabinet du ministre de l'Intérieur en personne l'appelle pour lui ordonner d'accorder toutes les facilités à madame de Saint-Fiacre... Qu'est-ce que cela veut dire ?

Je me suis toujours douté, songe-t-il, ému, *que cette fille était bizarre. Or elle joue un rôle en haut lieu, c'est certain. Peut-être ai-je eu tort de la déconsidérer, il faudra y remédier, elle est peut-*

être redoutable... Le chef de cabinet du ministre... (il ressent de l'effroi). *Et moi qui ne cesse d'établir des rapports défavorables pour sa promotion...* se lamente-t-il. *Mais j'y pense ! mon dernier rapport doit être encore dans mon bureau, il ne devait partir pour le ministère que ce soir...*

*

* *

Camille quitte la préfecture en retard, elle se presse, car l'assistante maternelle est obligée d'attendre que tous les parents soient venus chercher leur enfant pour fermer la petite école, et elle n'est pas avare de réflexions.

Camille attrape Élodie par la main, adresse un sourire obligé à l'assistante ; une maman dont le garnement bave de colère pour cause de caprice inassouvi l'aborde sur le trottoir :

— Vous êtes la maman d'Élodie ? Savez-vous que l'on m'a dit qu'il restait encore de l'amiante dans cette école, et on ne fait rien ! Comme si la santé de nos enfants... Tenez, j'en ai trois, mon premier a la rougeole, mon second a les oreillons, et le troisième a des problèmes avec son institutrice...

— Excusez-moi, madame, interrompt Camille, mais je ne suis pas très douée pour les charades.

C'est qu'elle n'a pas le temps de faire la causette avec les mamans, Camille, elle est fatiguée de son bref séjour à Paris, elle a pris du retard dans son travail à la préfecture et elle est anxieuse : madame le juge anti-terroriste a promis de l'appeler ce soir pour lui donner des nouvelles de son mari et lui indiquer la conduite qu'elle doit observer.

Fabrice est-il un terroriste ? Elle se rappelle malgré elle et par association d'idées un film qu'elle a vu il y a très longtemps : *L'honneur perdu de Katarina Blum*, une femme apprenait par une descente de police chez elle que son amant en était un.

*

* *

— Non mais vous vous rendez compte ?

Clotilde relit à voix haute pour la troisième fois la lettre que chacune de ses amies a aussi reçue :

Camille de Saint-Fiacre vous invite

samedi onze, à partir de dix-huit heures trente, à une réception qu'elle donne chez elle à l'occasion de sa promotion au rang de chef de service à la préfecture de Nantes (Loire-Atlantique).

— Qu'est-ce que ça veut dire ? Tout le monde la croit dépressive !

— Peut-être qu'elle bouffe des antidépresseurs, du Prozac ou des cochonneries comme ça, dit Charlotte qui travaille dans une parapharmacie.

— Ou alors elle refait surface, elle veut faire table rase de son passé. Elle a mis une croix sur son Fabrice, enfin consciente que ça ne pouvait pas durer, qu'elle n'allait pas passer le reste de sa vie à l'attendre, dit Anne-Cécile.

— Voilà ! Sa promotion l'aura *boostée*, elle fait une fête pour tourner la page, pour redémarrer sa vie.

— Et peut-être que sa promotion va augmenter son succès auprès des hommes, dit Clotilde.

— Tout de même, elle n'est pas rancunière, avec tout ce qu'on a raconté sur elle, ses oreilles ont dû siffler, dit Charlotte.

*

* *

Camille descend l'escalier du premier étage jusqu'au hall d'accueil en se pressant, elle est en retard, sa mère va encore lui faire une réflexion sur sa ponctualité. Devant les lourdes portes vitrées trois femmes lui barrent le passage, celles-là mêmes qui la regardaient incrédules embrasser Fabrice, voilà bien longtemps, à travers les fenêtres du premier étage de la préfecture, en compagnie du chef de cabinet.

— Nous tenions à être les premières à vous féliciter pour votre promotion, dit la plus âgée.

— Vous l'avez bien méritée, dit la seconde, depuis le temps que vous l'espériez.

— Seulement, bien sûr, ça vous fera moins de temps libre, dit la troisième…

— Ah bon ! Et vous en faites quoi, vous, de votre temps libre ?

— Nous ? Eh bien nous faisons du théâtre. En amateur, bien sûr, une petite troupe du quartier de Doulon.

— Eh bien ! si un jour, ce qui m'étonnerait, on vous propose de monter *Macbeth* – c'est une pièce de Shakespeare – je vous conseille d'accepter avec empressement le rôle des *Three Witches*, il vous ira comme un gant.

— Qu'a-t-elle voulu dire ? dit la

première en regardant Camille filer vers l'arrêt du tramway.

— Je ne sais pas, dit la seconde.

— Moi non plus, confirme la troisième, je ne comprends pas l'anglais et je n'ai pas lu *Macbeth*.

*

* *

En attendant son tramway Camille passe un coup de téléphone à son amie Gaëlle pour s'assurer qu'elle viendra bien à sa petite fête ; elle s'étonne du nouveau texte enregistré sur son répondeur – elle le modifie chaque semaine – d'habitude on a quelque chose comme :

« Vous êtes bien chez Gaëlle Lesourd et Leonardo di Caprio... »

Ou encore :

« Vous êtes bien chez Gaëlle Lesourd et Mel Gibson... »

Mais là, on a plus simplement :

« Vous êtes chez Gaëlle et Bernard, nous sommes absents pour le moment... »

Chapitre VII

Sa mère est déjà arrivée, en plein milieu d'après-midi, sous prétexte de donner un coup de main. Camille lui avait pourtant bien expliqué qu'elle ferait appel à un traiteur.

Mme Gaucher est coiffée d'un turban à la Alice Sapritch et vêtue d'un ensemble léopard rehaussé d'une ceinture dorée et de quelques lourds bijoux. Elle inspecte les canapés, les petits-fours…

— Tu aurais dû t'adresser au traiteur de mon quartier, tu sais bien, nous allons chez lui depuis trente ans.

— Maman, il ne s'agit pas d'une première communion.

— Veux-tu que j'aille ouvrir ? demande Mme Gaucher qui vient d'entendre une sonnette.

— Non merci, je vais y aller, occupe-toi plutôt des verres à pied.

Camille vient de reconnaître le gendarme Kleist qu'elle ne se rappelle pas avoir invité. Y a-t-il un problème au sujet de Fabrice ? Probablement pas, Kleist est sur son "trentin" et il serre dans ses mains une bouteille de champagne.

— Entrez, dit Camille, et pardonnez-moi ce moment de surprise, je ne m'attendais pas à vous voir, je ne savais pas que vous viendriez.

Kleist entre, rouge comme une tomate mûre, ne sait pas quoi dire ; cette gêne commence à amuser Camille.

— Au fait, dit-elle, ne le prenez pas mal, mais qui vous a invité ?

— C'est Gaëlle, elle ne va pas tarder, elle cherche une place pour stationner la voiture.

Camille contemple cet homme embarrassé et réprime une envie de rire.

— Maintenant que je crois deviner, vous ne vous appelleriez pas Bernard ?

— Si.

*

* *

Camille a invité quelques collègues de la préfecture dont les trois femmes qui n'ont toujours pas lu *Macbeth* et qui dévisagent le plus qu'elles peuvent les invités en grignotant des amuse-gueule. Clotilde et ses copines se désolent qu'il n'y ait pas plus de garçons parmi cette assemblée mais attendons encore. Camille, sous prétexte d'un coup de main, a réussi à entraîner Gaëlle avec elle dans la cuisine.

— Alors comme ça, ton amoureux, c'était Kleist ! Il est plutôt bel homme, un peu timide. Est-ce que c'est sérieux ?

— Très. Bernard a démissionné de l'armée, il a accepté un poste de chef de la sécurité d'un grand magasin de la place Kléber, à Strasbourg ; dans un mois nous y aurons emménagé. Tu vois, tout finit par arriver.

— Qui est-ce ? demande Mme Gaucher à sa fille.

— Un ancien militaire.

— Ah ! ça ne m'étonne pas, il a un port de tête altier. Que fait-il ?

— Il est responsable de la sécurité dans un grand magasin.

Mme Gaucher a chaussé ses lunettes.

— Il est beau garçon. Est-il célibataire ?

— Plus pour longtemps, il va bientôt épouser Gaëlle.

... c'est dommage, songe-t-elle, *il aurait pu former un couple avec ma fille, puisque mon gendre s'est volatilisé.*

— Elle est courageuse, dit Charlotte à Clotilde, elle fait bonne figure malgré tout, après ce qui lui est arrivé.

— Oui. je pense qu'elle a investi psychologiquement dans son travail, c'est ce qu'elle a de mieux à faire. Les hommes, tôt ou tard, il faut bien admettre qu'on ne peut pas compter sur eux.

— Tout de même, dit Anne-Cécile, c'est triste pour Élodie.

Clotilde hausse les épaules :

— Les familles monoparentales deviennent de plus en plus fréquentes, dit-elle, les enfants s'habituent.

— En tout cas elle n'a pas l'air de trop en souffrir, regardez comme elle s'amuse...

Élodie, pour qui sa mère a invité quelques enfants de la petite école, rit aux éclats d'un bouchon de champagne qui a bondi de son goulot comme de la gueule d'un canon et vient de se fracasser contre le turban de sa grand-mère.

Camille regarde sa montre, prend Gaëlle par le bras et lui glisse tout bas :

— On y va ?
— On y va !

Après avoir fait grincer quelques pignons de la boîte de vitesse de la voiture de sa mère, Camille remonte la rue de Strasbourg en direction de la gare.

— Quand même, dit-elle, tu aurais pu me prévenir, pour Kleist.

— Je voulais te faire la surprise…

— Il y a longtemps que tu es « abonnée » ?

— Presque depuis le début. Au départ j'ai trouvé sa détresse émouvante ; ensuite je me suis dit qu'il était bel homme ; enfin, Bernard a un défaut qui de nos jours est une vertu, c'est un maniaque de la propreté.

*
* *

Le TGV est à l'heure ; les gens qui vont à Saint-Nazaire se pressent sur le quai pour repérer leur voiture. Le cœur de Camille bat très fort. Et si Fabrice n'était pas dans le train ? Mais non, on l'aurait prévenue. Son angoisse ne dure pas longtemps ; bientôt, dans un mouvement très érollflynnesque Fabrice la soulève dans ses bras.

La voiture, immobilisée par des taxis qui prennent leurs clients en charge, démarre enfin, longe le canal Saint-Félix, prend la direction du quai de Versailles.

— Sais-tu que nous avons été sur écoutes téléphoniques ? Tant mieux, car les enregistrements de nos conversations ont concouru à convaincre madame le juge que nous menions une existence bien ordinaire et que si j'avais croisé jadis la route de Vladimir, ça n'avait été qu'une compromission stupide. Elle est persuadée désormais que le monde civilisé n'a plus à redouter grand-chose de moi ; les services de renseignements américains seront rassérénés. Mais dis-moi, ma chérie, te voilà habillée comme pour une remise de palmes académiques, et je parle pas de ton maquillage… Depuis quand est-ce que Camille se maquille ? Et pour quel événement ?

— Ton retour, mon amour. On a préparé une petite fête, surtout pour Élodie. Et puis j'ai invité quelques personnes dont j'ai hâte de voir la frimousse dans maintenant un petit peu moins de dix minutes.

Reproduit et achevé d'imprimer en janvier 2003
dans les ateliers de Normandie Roto Impression s.a.s.
61250 Lonrai
N° d'impression : 030002
Dépôt légal : janvier 2003

Imprimé en France